U0711749

纪检监察专业方向系列教材

西安文理学院精品教材培育项目

财务审计实务

赵华◎编著

中国政法大学出版社

2019 · 北京

图书在版编目（CIP）数据

财务审计实务/赵华编著. —北京：中国政法大学出版社，2019.3（2021.8 重印）
ISBN 978-7-5620-8943-8

Ⅰ.①财… Ⅱ.①赵… Ⅲ.①财务审计 Ⅳ.①F239.41

中国版本图书馆 CIP 数据核字(2019)第 056991 号

出版者　中国政法大学出版社
地　址　北京市海淀区西土城路 25 号
邮寄地址　北京 100088 信箱 8034 分箱　邮编 100088
网　址　http://www.cuplpress.com (网络实名：中国政法大学出版社)
电　话　010-58908285(总编室) 58908433（编辑部）58908334(邮购部)
承　印　保定市中画美凯印刷有限公司
开　本　720mm×960mm　1/16
印　张　15.5
字　数　290 千字
版　次　2019 年 3 月第 1 版
印　次　2021 年 8 月第 2 次印刷
定　价　52.00 元

前言

PREFACE

最高人民检察院在2016年3月的工作报告中谈到，坚决贯彻党中央关于反腐败斗争的决策部署，坚持“老虎”“苍蝇”一起打、惩治预防两手抓。2016年，全国检察机关立案侦查职务犯罪47 650人，其中，贿赂类案件17 847人，贪污案13 729人，挪用公款案3 494人，玩忽职守类案件4 782人，滥用职权类案件4 656人，徇私舞弊类案件805人，利用职权侵犯公民权利类案件139人，其他2 198人。从中可以看出，经济类案件占到了73.6%的比重。可见，持久有效地开展党风廉政建设和反腐败斗争，严格查处违纪党组织和党员，是非常重要的事情。纪检监察人员是处理各种案件的第一执行人，其素质和能力的大小直接关系着办案的水平和质量。执法过程中，在处理各种经济案件时，更多的会涉及财务问题。因此，纪检监察人员具备一些基本的审计知识，保证审查工作到位，才能够发现和查出隐藏在数字背后的腐败问题。

本书以《中华人民共和国审计法》《企业会计准则》《内部审计准则》为依据，把纪检监察人员应基本掌握的审计知识与审计工作简单明了化。通过实务知识的介绍，使得新手能够熟练运用会计、审计理论与方法，帮助审计新手及想要从事审计工作的人员快速熟悉审计工作，掌握审计工作方法与操作技能，从而能够从事审计及其他相关工作，快速胜任岗位。

CONTENTS

目 录

第一章

凭证、账簿的审计

第一节 原始凭证的审计

一、原始凭证

原始凭证又称单据，是在经济业务发生或完成时取得或填制的，用以记录或证明经济业务的发生或完成情况的文字凭据。它不仅能用来记录经济业务发生或完成情况，还可以明确经济责任，是进行会计核算工作的原始资料和重要依据，是会计资料中最具有法律效力的一种文件。

二、原始凭证的舞弊形式

原始凭证的舞弊是指篡改、伪造、窃取、不如实填写原始凭证。比如，会计人员利用原始凭证上的漏洞或业务上的便利条件，更改发票或收据上的金额，一般是将收入的金额改小，将支出的金额改大，从而将多余的现金据为己有。原始凭证的舞弊形式具体如表格 1-1 所示：

表 1-1 原始凭证的舞弊形式

原始凭证的舞弊形式
1. 故意将内容记载得含糊不清，以达到故意掩盖事实真相，进行贪污作弊的目的。
2. 利用废旧原始凭证将个人所花的费用伪装成单位的日常开支，借以达到损公肥私的目的。

续表

原始凭证的舞弊形式
3. 篡改原始凭证上的时间、数量、单价、金额，或添加内容和金额。
4. 开具阴阳发票（套开发票），进行贪污舞弊。
5. 在整理和粘贴原始凭证过程中作弊。
6. 模仿领导笔迹签字。

三、原始凭证舞弊的审查方法

根据原始凭证的舞弊情况，我们总结了如下审查方法，见表1-2：

表1-2　原始凭证舞弊的审查方法

序号	审查方法
1	◇对刮、挖、擦、补的原始凭证，其表面总会有粗糙的感觉，可以用手摸、透光查看的方法检查出来。
2	◇对用“消字灵”等化学试剂消退字迹后写上的原始凭证，其纸张上显示出表面光泽消失，纸质变脆；有淡黄色污斑和隐约可见的文字笔画残留；纸张格子线和保护花纹受到破坏；新写的字迹由于药剂作用而颜色变淡等特征。
3	◇对于添加改写的原始凭证，其文字字迹位置不合比例，字体不是十分一致，有时出现不必要的重描和交叉笔画。
4	◇对于冒充签字的原始凭证，其冒充签字常常在笔迹熟练程度，字形，字的斜度，字体方向和形态，字与字、行与行的间隔，字的大小，压力轻重，字体的基本结构方面存在差异，有时可以通过肉眼观察发现。
5	◇原始凭证的经手人经常含而不露，有时有名无姓或有姓无名，如果仔细追问很可能查无此人。
6	◇对于伪造的原始凭证可以通过对比原始凭证的防伪标签来鉴别。

四、例题分析

例题一：（1）资料概述。某国有企业的副总经理（共产党员），通过不法手段购得假空白发票，将其为子女安排调动花的钱，填上招待费用到企业进行报销。他还将家中的生活开支，大到空调彩电、洗衣机，小到各种生活用品等，均以“办公费用”的名义，以虚假的会计原始凭证，堂而皇之地公款报销。

（2）问题分析。上述例题中的行为是“鱼目混珠”的舞弊形式，即某些国有企业高层管理人员利用职务之便，将不属于企业生产经营的原始凭证进行报销，成为其以权谋私的合法工具。

例题二：（1）资料概述。2014 年 12 月 20 日，审计人员张某在对本国有企业的现金进行盘点时，发现职工、党员李某借据一张，金额为 3000 元，未经批准，也未说明其用途。因此确定其为白条，不能用于抵充现金，是白条抵库的现象。

（2）问题分析。上述例题中的行为是“白条抵库”的舞弊形式，白条就是企业开具或索取不合正规凭证要求的发货和收付款项的凭据，以逃避监督或偷漏税款的一种舞弊手段。一些单位在购进商品、支付劳务费用时没有取得正式发票，直接由经办人员写一张条子说明了事。因此，审计人员在审查时，如发现白条抵库现象，应及时制止并追究责任。

例题三：（1）资料概述。某事业单位购进一批 20 万元的商品，会计员小王根据领导的指示，从供货单位取得名为维修费的假发票记账，直接计入管理费用报销。

（2）问题分析。上述例题中的行为是“张冠李戴”的舞弊形式，一些单位的原始凭证虽然记载的是合法的支出，但实际上计入别的一些科目中，采用的是张冠李戴的办法。

例题四：（1）资料概述。在查证惠州一家企业的现金支出业务时，其中一笔向 A 公司购买商品的业务，发票上有抬头、日期，未填单价和数量，总金额为 783 元，大写金额和印章均符合规定。但经过仔细辨认，审计人员发现大写笔迹与抬头、日期、商品名笔迹不同，复写纸的颜色比较浅。

（2）问题分析。与 A 公司核对时发现原金额为 183 元，未填写大写金额。从而查出该企业会计涂改金额，贪污现金 600 元。

例题五：（1）资料概述。湖北一家工厂的出纳员兼应收账款的登记工作。审计人员在查证时发现有一笔应收账款 905 元长期挂账无法收回，同时发现有关的收据缺号。经调查，对方这笔应收账款已在年初偿还。后来证实该出纳员把这笔应收账款的票据撕毁后将 905 元现金贪污。

（2）问题分析：对于撕毁票据这种作假方式，审计人员只需要检查发票的存根号码是否有缺号，即可发现问题。

第二节　记账凭证的审计

一、记账凭证

记账凭证又称记账凭单，是会计人员根据审核无误的原始凭证按照经济业务事项的内容加以分类，并据以确定会计分录后所填制的会计凭证。它是登记账簿的直接依据。

二、记账凭证的舞弊形式

记账凭证中容易出现的舞弊形式主要包括“假账真做”、“真账假做”和“障眼法”三种。具体说明如表 1-3：

表 1-3　记账凭证舞弊形式说明表

舞弊形式	具体说明
假账真做	◇指无原始凭证而以行为人的意志凭空填制记账凭证，或在填制记账凭证时，故意使其金额与原始凭证上的金额不一致。
真账假做	◇指舞弊者故意错用会计科目或忽略某些业务中涉及的中间科目、错写发生额或记账方向等，来混淆记账凭证对应关系的舞弊方法。
障眼法	◇指对记账凭证的摘要栏进行略写或错写，使人看不清经济业务的本来面目。

三、记账凭证舞弊的审查方法

记账凭证的审查，就是审核已填制好的、作为登记账簿依据的会计凭证的内容，是否符合现行会计制度、财务管理制度和凭证填制的规定和要求，证实企业单位在会计核算上无弄虚作假、徇私舞弊等问题存在的一种审查。为了增强查找记账凭证舞弊的准确性，提高查证的工作效率，审计人员可采用审阅法、核对法和查询法等，审查记账凭证舞弊现象，具体说明如表 1-4 所示。

表 1-4　记账凭证审计舞弊审查方法说明表

审查方法	具体说明
审阅法	◇审阅记账凭证的基本要素是否表达清晰，有无粗糙、模糊的地方，其手续是否完备，填制的经手人和复核人是否签章。 ◇审阅记账凭证所记载的会计科目是否正确，指向是否清楚，一级科目、二级科目层次是否分明，所记载金额是否无误。 ◇审阅记账凭证的摘要，能否说明经济业务的轮廓和梗概，有无似是而非的地方。 ◇如果记账凭证是采用计算机填制的，要对其所采用的科目编号进行查对，视其有无混淆不同会计科目的顺序及其编号，填制凭证的操作程序有无错误，操作后有无存盘或必要的备份。
核对法	◇核对会计科目的经济内容与原始凭证是否相符。 ◇核对记账凭证中的借贷金额是否与原始凭证相符。 ◇核对数量、金额、业务内容、凭证张数、业务发生时间等。 ◇核对记账凭证与明细账、日记账与总账是否相符，是否存在矛盾和不一致的地方。
查询法	◇审查人员针对记账凭证出现的异常和可疑之处，向被查当事人或知情人进行询问。
其他方法	在记账凭证检查中，审查人员还应该综合使用其他的技术方法： ◇使用比较分析法，对原始凭证和记账凭证填制的时间、业务发生地点、所涉及的数量、金额等进行对比分析。可以对比其他正常业务凭证，找出可疑凭证的破绽；对比发生误差的凭证，找出错误和舞弊的共性。 ◇使用经验判断法，分析和判断记账凭证错误和舞弊的动因和根源，界定其对相关业务及会计资料的影响。 ◇采用内查外调法，对在被查单位内部无法查清楚的特殊凭证，向有关单位和个人进行调查寻访，以收集外部审查证据。

四、例题分析

例题一：（1）资料概述。某国有企业为取得上市资格，将积压在仓库的200万库存商品虚列为销售物品，企业领导授意财务部门凭空填制了收款凭证，将200万元作为主营业务收入登记入账，以虚增利润。

（2）问题分析。上述例题中的行为是典型的“假账真做”的舞弊形式，是人为主观性地凭空填制记账凭证。因此，审计人员在审计过程中，需要对记账凭证的基本要素的完整性和正确性进行审计，并且核对会计科目的经济内容与原始凭证是否相符。

例题二：（1）资料概述。某事业单位党员、会计人员张某利用工作之便，将许多发票，如出租车发票、吃饭的发票，累计起来集中填制到一张记账凭证上，进行报销，贪污公款8 000元。

（2）问题分析：上述例题是“假账真做”的舞弊形式，故意将不属于报销内容的票据进行报销，记账凭证（真）与原始凭证（假）不一致。因此，审计人员在审计过程中，尤其需要审阅记账凭证的日期、编号、业务内容等，并且核对记账凭证中的借贷金额是否与原始凭证相符及手续是否完备，填制的经手人和复核人是否签章等。

例题三：（1）资料概述。某单位党员、职工李某出差回来，向财务部门报销，同为党员的会计人员刘某将出差报销清单金额列为700元，在记账的时候却在“管理费用”列支7 000元，利用工作之便贪污公司公款。

（2）问题分析。上述案例中的行为是“真账假做”的舞弊形式，是对记账凭证的记账金额进行舞弊。因此，审计人员在审计过程中，需要审查记账凭证中单价、数量和金额是否正确，有无多记、少记等不符的现象。

例题四：（1）资料概述。某国有企业因私设“小金库”而被查处，厂长吸取经验教训，认为以货币形式设置“小金库”容易引起审查人员的注意，而实物形态存在的“小金库”则不那么引人注目。于是，自2008年开始以购买材料的名义，以乱记成本费用等方式，购买金卡、金币、邮票等有保值和增值潜力的商品60万元，并将之置于账外。具体操作过程是：原始凭证不开品名，在填制记账凭证时统称为购料，购买办公用品后计入制造费用、管理费用或销售费用等科目。

（2）问题分析。上述案例的行为是“障眼法”的舞弊形式，是对记账凭证的摘要栏进行略写或错写，使人看不清经济业务的本来面目进行舞弊。因此，审计人员在审计过程中，需要审阅记账凭证的摘要能否说明经济业务的轮廓和梗概，有无似是而非的地方，并且核对会计科目的经济内容与原始凭证是否相符等。

第三节 会计账簿的审计

一、会计账簿

会计账簿简称账簿，是由具有一定格式、相互联系的账页所组成，用来序时、分类地全面记录一个企业、单位经济业务事项的会计簿籍。设置和登记会计账簿，是重要的会计核算基础工作，是连接会计凭证和会计报表的中间环节，做好这项工作，对于加强经济管理具有十分重要的意义。

二、会计账簿的舞弊形式

会计账簿舞弊是指会计人员在设置账簿的过程中，不按照有关规定随意设置账簿的形式和内容，常见的会计账簿形式如表 1-5 所示。

表 1-5　会计账簿舞弊形式说明表

舞弊形式	具体表现
无据记账，凭空记账	◇会计账簿中所列的业务不是根据审核无误的原始凭证填制记账凭证并逐笔登录的，而是会计人员凭空捏造出来的，或者在合法的凭证中插入一些不合法的业务内容。
涂改、销毁、遗失、损坏会计账簿以掩盖其造假行为	◇用类似涂改凭证的方法来篡改有关账簿，有的则制造事故，造成账簿不慎被毁的假象，从而将不法行为掩盖于一般的过失当中，使审查人员的线索中断。
设置账外账	◇即一个企业建立两套或三套账，一套用于内部管理（对外不公开），一套用于应付外来部门的检查，从而根据自己的需要作出对外公布的一套账。
登账、挂账、改账、结账作假	◇登账作假是指在登记账簿的过程中，不按照记账凭证的内容和要求记账，而是随意改动业务内容，或者故意使用错误的账户，使借贷方科目弄错，混淆业务应有的对应关系，以掩饰违法乱纪的意图。 ◇挂账作假是利用往来科目和结算科目将经济业务不结清到位，而是挂在账上，或将有关资金款项挂在往来账上，等待时机成熟再回到账中，以达到“缓冲”、不露声色和隐藏事实真相的目的。 ◇改账作假是指对账簿记录中发生的错误不按照规定的改错方法，而是用非规范的改错方法进行改错，或利用红字“改错”随意对账户

续表

舞弊形式	具体表现
	中的记录进行加减处理，如利用红字改变库存数、冲销材料成本差异数，无根据减少销售数额等，以达到违法乱纪的目的。 ◇结账作假是指在结账及编制报表的过程中，通过提前或推迟结账、结总增列或结总减列和结账空转等手法故意多加或减少数据，虚列账面金额，或者为了人为地把账做平，而故意调节账面数据，以达到其掩饰或舞弊的目的。
利用计算机舞弊	◇在实行计算机会计核算的单位，利用计算机的知识和经验，在系统程序中设置陷阱，篡改程序，或者篡改输入、篡改文件和非法操作等。

三、会计账簿舞弊的审查方法

针对上述会计账簿出现的舞弊形式，可以采用复核法、审阅法、核对法、核实法和调节法进行审查，具体说明如表 1-6：

表 1-6　会计账簿舞弊审查方法说明表

审查方法	具体说明
复核法	◇对会计账簿的记录及合计进行重复的验算，以证实会计记录中计算的准确性。
审阅法	◇以国家的方针、政策、法令、制度、规定作为依据，通过审阅，检查分析有关账簿资料的真实性、合法性和完整性，视其有无差错、疑点和弊端。 ◇运用审阅法对账簿的分析主要是审阅账簿记录的有关经济业务是否符合会计核算的基本要求，记账内容是否合规，其记账金额是否与记账凭证相符，内容记载是否齐全，账页是否连号，记账是否符合会计制度和记账规则，有无违反《会计法》的现象，有无涂改或其他异常现象。 ◇对明细分类账的记账内容要认真审阅各科目所列内容有无违反国家有关法令、规定，违反财务会计制度，乱列名目擅自支用等现象。
核对法	◇对账簿记录（包括相关资料）两处或两处以上的同一数值或有关数据进行互相对照，旨在查明账账、账证、账实、账表是否相符，以便证实账簿记录是否正确，有无错账、漏账、重账，有无营私舞弊、违法乱纪行为。 ◇核对凭证与账簿记录、账簿与账簿记录（总账与明细账）、账与报表记录、账与卡、账与实之间的数额是否相符。 ◇核对账外账单，如银行对账单、客户往来清单等，同本单位有关账目的数据是否相符。

续表

审查方法	具体说明
	◇核对总分类账借方余额账户的合计数同贷方余额账户的合计数是否相符。 ◇核对原定预算、指标、定额、承包基数等同实际用以考核的预算、指标、定额和承包基数是否相符。 ◇核对生产记录、发货托运记录、原材料消耗记录、产成品入库记录、废次品记录、考勤记录等同相应的账簿记录所反映的内容、数额是否相符。 ◇核对销售合同、外加工合同、联营合同等所记载的内容与金额，同有关账簿记录所反映的内容、金额是否相符。
核实法	◇指将账簿资料与实际情况进行对照，用以验证账实之间是否相符，并取得书面证据的一种方法。 ◇核实法主要用于核对账户记录，并结合盘点方法所获取的实物证据，进行账簿资料与现实物资之间的对照。核实的重点是盘存类账户，如现金、原材料、燃料、产成品等。
调节法	◇指为了检查账簿中某些业务，而事先对其中某些因素进行增减调节，以使其相关性可比的一种审查方法。

四、例题分析

例题一：如某审计员在对某国有企业进行审查时，该企业说2012年底发生了火灾，烧毁了绝大部分财务资料，事后经查发现，这是一个典型的想借此来掩盖会计舞弊的案例。

例题二：（1）资料概述。审计人员在审阅某国有企业账目时，发现该企业10月份主营业务收入和应收账款账户较以往各期发生额大，经查阅明细账，发现应收账款明细账中未作登记。审计人员根据账簿记录调阅有关凭证，发现有四张凭证内容全部相同，其会计分录如下：

借：应收账款　　　　40 000

　　贷：主营业务收入　　　　34 188

　　　　应交税费——应交增值税　　　　5 812

经审查，上述四张凭证均未附账中、均未作登记，准备于下年初将上述分录做销货退回处理。该企业销售部门负责人、党员常某为了在本年度考核期内拿到年终奖金，虚增当期利润，并采取挂账的手段掩盖其不法目的。

（2）问题分析：上述例题中的行为是“挂账作假”的舞弊行为，是将有关资金款项挂在往来账上，等待时机成熟再回到账中，以达到缓冲、不露声色和隐藏事实真相的目的。因此，审计人员在审查过程中，要注意查看总账与所属明细账的内容是否相符，记账金额是否相等，账与实之间的数额是否相符。

例题三：（1）资料概述。按照我国会计准则规定，企业坏账准备一般按照企业应收账款余额的一定比例（3‰~5‰）进行计提，审计人员在检查某国有企业坏账准备账簿时，其余额为 8 万元，经查该国有企业应收账款当月末余额为 1 000 万元，按 3‰计算应计提坏账准备为 3 万元，很明显对应关系不正确，多计提了 5 万元，加大了成本，虚减了利润。

（2）问题分析。上述例题中的行为是“账账不符”的舞弊行为，其实际计提的坏账准备与应计提的坏账准备不相等。因此，审计人员在审查过程中需要审查账簿的入账登记、过账、改账、结账等业务操作的规范性和合规性，检查其账户对应关系的清晰性。

例题四：（1）资料概述。某国有企业采购员、党员徐某利用职务之便将物资采购过程中的一些物资私自盗卖，将所得收入落入自己的口袋，而在财务会计账簿上这些物资却依然存在账上。

（2）问题分析。上述案例中的行为是“账实不符”的舞弊行为，即固定资产与账簿记录不符。因此，审计人员在审查过程中，尤其需要核对凭证与账簿记录、账与卡、账与实之间的数额是否相等。

第二章

资产类账户的审计

货币资金是企业流动性最强的资产，最受不法分子的“青睐”，也最容易被盗窃、贪污和挪用。同时，由于货币资金可以反映企业的生存能力、发展能力以及适应市场变化的能力，有些单位常常会利用货币资金账户弄虚作假。

第一节　库存现金的审计

一、库存现金

库存现金是指单位为了满足经营过程中零星支付需要而保留的现金。库存现金是流动性最强的资产，可随时用于购买商品和取得劳务、支付费用、偿还债务及存入银行。做好库存现金的审计工作有利于保护现金的安全完整、揭示现金收支业务中的差错舞弊现象并巩固维护现金结算制度。

二、库存现金舞弊的形式

库存现金是流动性最强的资产，因而最容易成为会计舞弊的目标。库存现金在审计过程中常见的舞弊形式主要有三类：贪污现金、挪用现金和坐支现金。具体说明如下表2-1：

表 2-1 库存现金舞弊现象说明表

舞弊形式	具体表现
贪污现金	◇收到现金后撕毁票据或收到现金后不开票据不入账； ◇利用篡改、刮擦和消退等手段涂改凭证金额，将收入数额改小或将支出数额改大； ◇一证多报，将已入账的支出原始凭证抽出重复报销； ◇索取大头小尾票据，利用假复写的办法使发票联的金额超出存根记账联的金额； ◇向对方出具空白发票或收据，将收入据为已有，冒充领导签字，在原始凭单上冒充领导签字进行费用报销。
挪用现金	◇故意错列现金总额，出纳将现金日记账中收入合计数少列，支出合计数多列； ◇白条抵库，利用白条借出现金为自己或他人谋取私利；收入暂不入账，将收到的现金暂不制证入账而挪作他用； ◇业务往来的借款，未办理正常手续，将现金挪作他用；侵吞银行借款，与经办银行借款的人员相互串通，借入款项不入账，并销毁借款存根； ◇应收账款收回后不及时进行账务处理，应收账款收到现金后不入账，而将现金挪作他用。
坐支现金	◇收到现金不存入银行账户，从收到的现金中直接开支。
收取回扣	◇回扣是指经营者销售或购买商品时在账外暗中以现金、实物或其他方式给对方关系人一定比例的商品价款。收取回扣的主要表现形式有：虚列折扣，将本来按照规定不应该获取折扣的实施折扣获取回扣；低价销售从中收取买方回扣；高价采购收取卖方回扣。
私设“小金库”	◇“小金库”亦即“账外账”，指的是违反国家财经法规及其他有关规定，侵占、截留国家和单位收入，未列入本单位财务会计部门账内或未纳入预算管理，私自存放各项资金的“小金库”。“小金库”的资金来源主要表现在：一是截留经营收入、投资收利和其他收入进入“小金库”；二是将出售资产及罚没收入进入“小金库”；三是虚列支出进入“小金库”；四是隐匿回扣进入“小金库”；五是退回押金及保证金转入“小金库”。

三、库存现金舞弊的审查方法

根据上述库存现金舞弊形式，我们总结了四种库存现金舞弊的审查方法，具体说明如表 2-2 所示。

表 2-2　库存现金舞弊审查方法说明表

审查方法	具体说明
了解并评价现金内部控制制度	◇检查现金制度是否建立并严格执行； ◇确定现金内控制度的可信赖程度及存在的薄弱环节和失控点，然后据此确定审定程序。
抽取并审查收付款凭证	◇审查凭证在签发单位名称、地址、接收单位名称、签发日期、内容摘要等方面是否齐备，若有疑点应进一步查证； ◇审查凭证的数量、单价、金额、合计等方面有无漏洞，大小写是否相符； ◇审查凭证所反映的经济业务是否真实，有无弄虚作假、营私舞弊； ◇抽取部分现金业务收入凭证与每日银行送款单回单联、现金日记账记录对照表比较，从日期和金额上可以判断现金业务收入是否及时入账、及时送存银行； ◇审查部分收回贷款业务的现金收入凭证与相关的应收账款明细账的付款人单位名称、金额、日期等记录是否相符。
核对法	◇认真核对现金明细账与总账的金额是否相符，如不相符，应查明原因，并做出记录或适当调整。
监督盘点法	◇盘点时被审计单位财会负责人、出纳人员和至少两名审计人员要始终在盘点现场，相互监督，防止出现违规操作； ◇采取突击盘点方法，即事先不通知出纳员，以防止其盘点前采取措施掩盖弊端； ◇采取同时全面盘点方法，即审计人员要求出纳员将现金全部放入保险柜暂作封存，并使出纳员确定别处没有存放现金及箱中现金是否都为其单位所有，同时，盘点的时间应安排在营业前或营业后，避免现金收支的高峰时间； ◇采取出纳员盘点、审计人员监督的方式。

四、例题分析

例题一：（1）资料概述。审计人员到某单位查账，发现会计出纳均为一人，决定详细查询该单位原始凭证。在某月工资汇总表上，汇总工资总额为 42 927. 4 元。原始凭证（工资结算单）实际金额为 4 292. 74 元，其会计分录如下：

借：应付职工薪酬　　　42 927. 4

　　贷：库存现金　　　42 927. 4

（2）问题分析。根据上述例题的疑点之处，审计人员先进行了现金盘点，但是在审查过程中并未发现现金盘盈现象。该单位无内部控制制度，故差额38634.66元有被出纳贪污的嫌疑。经调查，确实如此。

（3）调账处理。应责成出纳人员退回赃款，并对其进行相应处罚，建议被查单位会计出纳岗位分离，并建立完善的内部控制制度，收到退款时，做如下会计分录：

借：库存现金　　38 634.66

　　贷：应付职工薪酬　　38 634.66

借：应付职工薪酬　　38 634.66

　　贷：管理费用　　38 634.66

例题二：（1）资料概述。审计人员查阅某单位采购员张某2016年1月出差时的旅馆住宿发票，其房间单价为170元，人数为1人，时间为20天，金额3400元。审计人员发现发票金额模糊不清，怀疑有涂改迹象。

（2）问题分析。根据上述例题中所述疑点，审计人员开始审查原始凭证，审查原始凭证有无领导签字、字迹是否清楚、金额有无涂改、笔体是否一致等。审计人员对以上内容审查分析，发现单价170元和3 400元中的数字都很不规范，墨迹比其他数字浓重，大写金额中的壹和叁，字体与其他字体有所不同。审计人员又用函证法请当地审计机关帮助调查发票存根情况，对方回函证明单价为70元，金额为1 400元，并提供了该发票记账联的复印件。通过审查发现，张某利用涂改发票的办法，增大了原始凭证的金额，目的是贪污现金。

（3）调账处理。该单位应当进行调账，应做如下会计分录：

借：库存现金　　2 000

　　贷：其他应收款　　2 000

例题三：（1）资料概述。审计人员在审查北京某国企的“其他应收款”明细账时，发现“上年结转”暂借王红出差费1万元，经查，该笔业务的发生时间是2012年2月1日，但至今未还。审计人员怀疑王红套取现金，挪用公款。

（2）问题分析。审计人员询问了财务负责人李刚，其含糊其辞，并说时间太长，不记得这回事。经过进一步的询问，李刚以审核不慎为由，错将该借款借给王红。经查，李刚和王红之间是亲戚关系，2012 年借出差之名将 1 万元公款用于个人还债。

（3）调账处理。李刚借职务之便，帮他人挪用公款；王红公款私用，违反相关会计法规，审计人员责令其立即归还，并处罚两人各 5000 元。

借：现金　　　20 000
　　贷：其他应收款　　10 000
　　　　营业外收入　　10 000

例题四：（1）资料概述。审计人员在审查某国有企业 ABC 公司现金日记账时，发现 2015 年 7 月 8 日第 8 号凭证的摘要为“支付拆除大型设备 E 的劳务费”，金额为 1 000 元。同时，审计人员还发现 2015 年 7 月 18 日第 18 号凭证的摘要栏注明“报废并出售大型设备 E”，该设备价值 50 000 元，已提折旧 30 000 元。审计人员在“现金日记账”和银行存款日记账中没有发现相应的固定资产清理收入的信息。

8 号和 18 号会计凭证的分录如下：

8 号凭证：

拆除大型设备 E 的劳务费：

借：管理费用　　　　1 000
　　贷：库存现金　　　1 000

18 号凭证：

报废并出售大型设备 E：

借：累计折旧　　　　30 000
　　营业外支出　　　　20 000
　　贷：固定资产　　　50 000

（2）问题分析。报废并出售大型设备，必然有一定的清理收入，因此需要对其进行审查。审计人员通过询问设备保管员李金，得知该设备 7 月 8 日已经被卖到甲公司，同时在7月18日收到30 000元的设备出售款项。

此例题的舞弊问题有，报废大型设备E的劳务费计入管理费用中，减少了利润。该国有企业变卖固定资产，并没有通过“固定资产清理”科目核算，意图掩盖其变卖的事实。该国有企业将变卖固定资产的收入存入“小金库”。企业经理对此予以承认，并交出了现金30 000元。

（3）调账处理。

借：库存现金　　30 000
　　贷：管理费用　　1 000
　　　　营业外支出　　20 000
　　　　营业外收入　　9 000

例题五：（1）资料概述。审计人员在审查国有企业ABC有限公司时，发现该公司在2010年3月，与F玩具有限公司有很大的资金往来业务。比较其历史记录，两家公司的业务往来并不多，审计人员怀疑其中有套取现金的行为。经审查发现，ABC公司在3月6日的第42号凭证中记载“收到F玩具有限公司转账支票”15万元；随后在3月9日，第48号凭证又记载“提现”15万元。3月9日第49号凭证又记载了“付现金给F玩具有限公司”15万元。审计人员怀疑其利用外单位的账户，套取现金。

2010年3月6日，收到F玩具有限公司转账支票，第42号凭证：

借：银行存款　　150 000
　　贷：其他应付款　　150 000

2010年3月9日，提现，第48号凭证：

借：库存现金　　150 000
　　贷：银行存款　　150 000

2010年3月9日，付现给F玩具公司，第49号凭证：

借：其他应付款　　150 000
　　贷：库存现金　　150 000

（2）问题分析。审计人员审查了库存以及相关的销售信息时发现，ABC公司库存减少。于是，公司领导及会计承认，ABC 公司利用 F 玩具公司转移资金套取现金，中饱私囊。

（3）调账处理。改正调账的分录为：

借：银行存款　　　　　　150 000
　　贷：主营业务收入　　　　128 205
　　　　应交税金——增值税（销项税）21 795

例题六：（1）资料概述。H 股份科技有限公司在审计时发现，为职工发放的福利 30 000 元在企业财务科中找不到这类开支，并且没有与这类开支相关的账户。审计人员对其负责人进行询问，负责人说，这是将厂内的边角料、废旧物资销售后的回收款，没有入财务账，而是直接交行政科保管以便将来用于职工福利。

（2）问题分析。在审计人员讲明利害后，负责人将自己管理的“小金库”账目和以个人名义存在银行的 90 000 元存折交出。本例的问题在于内部控制制度的缺失，企业将销售边角料及废旧物资的款项不入账，而是私设“小金库”由行政科负责，将“小金库”用于职工福利。

（3）调账处理。将“小金库”的金额入账：

借：库存现金　　　　　　90 000
　　贷：其他业务收入　　　　90 000

将已发放的支出列转到福利费账户：

借：应付职工薪酬——福利费　　　　30 000
　　贷：其他业务收入　　　　　　　　30 000

例题七：（1）资料分析。2011 年 3 月，H 钢材公司进行查账时发现，“现金日记账”中付字 20 号凭证载明支付购“5×6 角钢”，金额 900 元。该单位大量经营角钢。

（2）问题分析。审计人员先调出 20 号凭证，其发票（号码是 0213）列明是由采购部王明从××单位购入 5×6 角钢 9 吨，每吨价值 1 700 元，共计

15 300元。货款已付（签发转账支票一张 14 400 元，现金 900 元），货物已由保管员验收入库，会计分录为：

借：材料采购　　　　15 300
　　贷：银行存款　　　　14 400
　　　　库存现金　　　　900

审计人员又调查了供货单位资料，发现供货单位记录 2011 年 3 月确实卖给该单位 9 吨钢材，销货发票号是 0113，单价每吨 1 600 元，计 14 400 元。资料表明除了收到一张 14 400 元的转账支票外，再没有其他。进一步调查发现是王明自己开的，证实经办人员有贪污行为。本例说明企业稽核制度薄弱，企业采购人员利用一张假发票，从钢材采购中贪污现金 900 元，会计部门不问情况，采用两种方式支付货款，不符合结算纪律。

（3）调账处理。收到李某退回赃款时，调整分录为：

借：库存现金　　　　900
　　贷：材料采购　　　　900

例题八：（1）资料概述。2011 年 6 月，A 有限公司在进行查账时发现，“其他应收款”明细账中有一项记录的摘要为拨付备用金，根据该单位的备用金管理规定及这项业务的发生时间，审计人员怀疑其中有挪用现金的行为。

（2）问题分析。翻查 2011 年 6 月份的记账凭证中摘要注明“拨付备用金”字样，金额为 50 000 元。但在原始凭证上，借款单位空白，领款人为单位会计代领。经查实，会计承认是暂借企业 50 000 元，使用不久就会归还，并没有拨付任何部门的备用金，并且同意退款和接受处罚。本例中，该公司稽核制度薄弱，该公司的会计利用伪造备用金，挪用公款 50 000 元用于炒股。

（3）调账处理。根据《企业职工奖惩条例》和该公司会计的月工资水平，对其处罚金 500 元。收到该公司会计退回的 50 500 元时，做调账处理：

借：库存现金　　　　50 500
　　贷：其他应收款——备用金　　　　50 000
　　　　营业外收入——罚款收入　　　500

第二节　银行存款的审计

一、银行存款

银行存款是指企业存放在银行的货币资金。按照国家现金管理和结算制度的规定，每个企业都要在银行开立账户，称为结算户存款，用来办理存款、取款和转账结算。银行存款的审计，对揭示银行存款收支业务中存在的差错弊端、保护银行存款的安全完整、保证企业严格遵守国家结算纪律等方面有着重要的意义。

二、银行存款的舞弊形式

银行存款是货币资金的主要部分，在会计核算业务中占有相当的比重。同时银行存款具有流动性大、使用灵活、容易兑现的特点，有的单位就针对银行存款账户这些特点，进行营私舞弊。比如在当今一些企事业单位，设黑户、洗黑钱等已不是新鲜事。常见的银行存款舞弊形式如表 2-3 所示。

表 2-3　银行存款舞弊现象说明表

舞弊形式	具体表现
制造余额差错	◇会计人员故意算错银行存款日记账余额，来掩饰利用转账支票挪用公款等行为；有的在月结银行存款日记账试算不平时，乘机制造余额差错。
擅自提现	◇会计人员或出纳员利用工作之便，私自签发现金支票后，提取现金，不留存根，不记账，从而将提取的现金占为己有。
公款私存	◇将各种现金收入以个人名义存入银行；以预付货款名义从单位银行账户转汇到个人账户；虚拟业务而将银行存款转入个人账户；业务活动中的回扣、劳务费、好处费等不交公、不入账、以业务部门或个人名义存入银行等。
出借转账支票	◇会计人员利用工作之便，非法将转账支票借给他人用于私人营利性业务的结算，或将空白转账支票为他人做买卖充当抵押。
转账套现	◇会计人员通过外单位的银行账户为其套取现金，在这种手法下，外单位的账面上表现为应收账款及银行存款等科目以相同金额一收一付，而本单位为外单位套取现金，从中牟取回扣。

续表

舞弊形式	具体表现
混用现金和银行存款	◇会计人员利用工作之便，在账务处理中，将银行存款收支业务同现金收支业务混同起来编制记账凭证，用银行存款的收入代替现金的收入，或用现金的支出代替银行存款的支出，从而套取现金并占为己有。
涂改银行对账单	◇将银行对账单和银行存款日记账上的同一发生额一并涂改，并保持账面上的平衡，为了使账证相符，有的还涂改相应的记账凭证。
提银留现	◇会计人员利用工作之便，在用现金支票提出现金时，只登记银行存款日记账，不登记现金日记账，从而将提出的现金占为己有。
存款漏洞	◇会计人员利用业务上的漏洞和可乘之机，故意漏记银行存款收入账，伺机转出或者转存，从而占为己有。
出借账户	◇本单位有关人员与外单位人员相互勾结，借用本单位银行账户转移资金或套购物资，并将其占为己有。
支票套物	◇会计人员利用工作之便擅自签发转账支票套购商品或物资，不留存根，不记账，将所购商品据为己有。
套取利息	◇会计人员利用账户余额平衡原理，采取支取存款利息不记账的手法将其据为己有。企业的贷款利息，按规定应在抵减存款利息后，计入财务费用。月终结算利息时，如果只计提贷款利息而不计存款利息，银行存款日记账余额就会小于实有额，然后再提出利息部分款项不计入日记账，余额就会自动平衡，该项利息也就被贪污了。这种手法在对账单和调节表由出纳一人经管时很难被发现。
涂改转账支票日期	◇会计人员将以前年度已入账的转账支票收账通知上的日期涂改为报账年度的日期进行重复记账，再擅自开具现金支票提取现金并据为己有。
其他舞弊现象	◇未将超过库存限额的现金全部、及时地送存开户银行；通过银行结算划回的银行存款不及时、不足额；违反国家规定进行预收贷款业务；开立黑户，截留存款；签发空头支票、空白支票，并由此给单位造成经济损失；与银行存款对账单不符。

三、银行存款舞弊的审查方法

根据上述银行存款舞弊现象，我们总结银行存款审查的几个方面，具体如表 2-4 所示。

表 2-4　银行存款舞弊审查方法说明表

审查内容	具体说明
检查银行存款收支内部控制制度	◇企业是否根据不同的银行账号分别开设银行存款日记账。 ◇银行存款的处理和日记账的登记工作是否由出纳专门负责。 ◇出纳和会计的职责是否分离。 ◇银行存款日记账是否根据经审核后的合法的收付款凭证登记入账。 ◇银行存款日记账是否逐笔序时登记。 ◇企业除零星支付外的支出是否通过银行转账结算。 ◇对于重大的开支项目是否经过核准、审批。 ◇银行支票是否按顺序签出。 ◇是否严格控制和保管空白支票。 ◇作废支票收付加盖“作废”戳记，并与存根联一并保存。
检查银行存款日记账	◇根据日期和凭证号数栏的记载，查明是否以记账凭证为依据逐笔序时登记收支业务并逐笔结出余额，有无前后日期和凭证编号前后顺序颠倒的情况。 ◇根据摘要栏、金额栏和对方科目栏的记载，判断经济业务的会计处理、会计科目的使用是否适当。 ◇根据结余存款栏的记载，查明是否有异常的红字余额。如出现红字余额，可能是由于不同的银行账号的业务记录出现“串户”，或是收支业务记录的先后顺序颠倒，或是开具空头支票等所致。
查证银行存款的收付款凭证	◇银行存款的收付款凭证是银行存款日记账的记账依据，是银行存款日记账正确与否的前提，其查证要点与现金收付款凭证的查证要点相似。
查证银行存款收入方面的记录	◇其查证要点与现金业务收入方面的记录要点相同。
查证非正常业务的重要银行存款支出	◇其查证要点与非正常业务的重要现金支出要点相同。
询证期末银行存款余额	◇银行存款是货币资金中最重要的部门，为了查证资产负债表所列示银行存款余额是否存在，必须向开户银行询证。 ◇通过询证，可以获得企业银行存款缺失存在的证据；获得银行存款可供企业使用、企业拥有其所有权的证据；还可能发现企业未入账的银行存款。
取得或编制银行存款余额调节表	◇根据银行存款余额调节表的记录，检查是否有差错。

续表

审查内容	具体说明
审查相关费用、支出的依据是否合理、合法	◇根据相关费用、支出的登记是否正确合理，检查银行存款有无差错。

四、例题分析

例题一：（1）资料概述。一家事业单位会计 A 的朋友 B 在某商场购买商品一批，价款计 26 000 元，B 同商场商定，3 日内汇款，并由 B 拿出一张空白支票作为抵押。B 找到 A，表示要借一张空白支票作倒卖商品的抵押，3 日后即可返还。A 表示同意，回到单位向出纳要了一张空白支票，声称购买钢材需用 30 000 元。A 将空白转账支票交给了 B 后，B 将支票给了商场，商场提出，如果货款 3 日内不回来，就用抵押的支票结算货款或运费，B 表示同意。B 将商品运到 A 市销售，因与买方发生纠纷，货款未能收回。2013 年 5 月 12 日，商场用抵押的空白转账支票填制、结算了 B 所欠的货款和运费，计 27 000 元。

（2）问题分析。A 得知情况后，为掩盖事实真相，于 2013 年 6 月 21 日将该笔款项以汇给外地购买钢材名义把账平了下来。2013 年 10 月 4 日，该问题揭露出来后，A 将款项全部归还，存入银行。

（3）调账处理。

调账的会计分录：

借：银行存款　　　　　27 000
　贷：材料采购　　　　　27 000

例题二：（1）资料概述。审计人员在审查企业银行存款日记账与银行存款对账单时发现，银行存款调整后余额与对账单余额调整后相等，但未达账项的每项数额不一致，其中 2013 年 12 月 29 日 546 号凭证（转支 546）金额为 13 781 元，对账单的支票 546 号金额为 10 781 元，银行存款日记账 12 月 29 日 48 号凭证存入现金 3 000 元，但在对账单上没有反映。

（2）问题分析。审计人员首先调阅了 48 号凭证，其分录如下：

借：银行存款　　　3 000

　　贷：库存现金　　　3 000

审查原始凭证时，发现“现金送存簿”没有加盖“现金收讫”字样，即没有把现金交到银行。调出546号凭证，其分录如下：

借：材料采购　　　13 781

　　贷：银行存款　　　13 781

审计人员复核采购发票，其金额为10 781元，由此得出以下结论：企业出纳人员利用虚存虚报的手法，人为制造银行日记账相对相符，利用会计核算不仔细，达到贪污现金的目的。

（3）调账处理。该单位收到退回的赃款时，如存入银行，应做如下分录调整：

借：银行存款　　　3 000

　　贷：材料采购　　　3 000

例题三：（1）资料概述。审计人员在审查A企业的银行存款日记账时，发现3月21日的一张凭证摘要栏记录为“退货款”40 000元，结算方式为委托付款。该笔货款入账时间为3月16日，在五天之内发生退货，审计人员怀疑有假退款行为。发现3月16日的凭证分录为：

借：银行存款　　　40 000

　　贷：应收账款　　　40 000

所附原始凭证为银行转来的收账通知，付款单位为B企业。发现3月21日的凭证分录为：

借：主营业务收入　　　34 188

　　应交税费——应交增值税（销项税额）　　　5 812

　　贷：银行存款　　　40 000

所附原始凭证有两张：一张为A企业销售部开出的红字退货发票；另一

张为A企业财务部开出的转账支票，收款人为B企业代理处。审计人员分析，A企业从B企业收款为何把退款转到B企业在本市的代理处？审计人员决定追查支票的去向。银行证实，款项转到C企业的账号上，而C企业根本不存在。同时与B企业联系，但该企业根本没有发生退货业务。

（2）问题分析。审计人员断定A企业利用银行的漏洞或其他原因，开设黑户隐瞒收入。后经过查实，是A企业会计人员利用同银行工作人员的关系，开设C企业账户，存入部分收入，做发放奖金或支付回扣等用处。C企业账户全余额40 000元，全部为A企业所有。

（3）调账处理。调账的会计分录为：

借：银行存款　　40 000

　　贷：主营业务收入　　34 188

　　　　应交税费——应交增值税（销项税额）　　5 812

例题四：（1）资料概述。审计人员2011年6月11日在审查“银行存款日记账”时，将“银行对账单”与企业“银行存款日记账”对照时，发现银行对账单上接连好几笔金额相同的一收一付业务，但银行存款日记账上却没有记录。审计人员采用了函证法，取得了银行存款收付款业务的详细内容，发现6月10日企业有一笔80 000元的存款没有入账，而是存入了出纳员的私人账号中，此笔存款出纳员拿到了不当得利5 000元。

（2）问题分析。从审查的结果来看，企业存在银行存款不入账、公款私存的现象。审计人员建议企业应加强内部控制制度的管理，严格银行存款账务收支结算制度。企业责令出纳人员立即交回公款及公款私存利息5 000元归企业所有，并对其进行了500元的经济处罚。

（3）根据审计结果，做出如下账务调整分录：

借：银行存款　　80 500

　　库存现金　　5 000

　　贷：其他应收款　　80 000

　　　　财务费用　　5 000

　　　　营业外收入　　500

例题五：（1）资料概述。审计人员 2011 年 7 月 10 日在审查“银行存款日记账”和“银行对账单”时发现缺少 7 月份的“银行对账单”，到银行获取 7 月份的对账单一份，经核对发现 7 月 10 日的一笔 5 000 元的收入款银行对账单未入账。经审计人员详细核对，发现 7 月 9 日开出一张 5 000 元的现金支票，企业的银行存款日记账未入账，但是银行对账单与银行存款日记账的账面余额相符。

（2）问题分析。经过调查，出纳员交代将购入货款所得的 5 000 元回扣私吞，将单据毁掉。查清之后，企业没收了该出纳员的赃款，并对其处以了 500 元的经济处罚。

（3）调账处理。

借：其他应收款　　　　5 500
　　贷：财务费用　　　　5 000
　　　　营业外收入　　　500

例题六：（1）资料概述。审计人员对某企业 2011 年度进行审查时，发现该企业出现好几笔财务收支类似的记录，大致内容如下：

2011 年 2 月 10 日，121 号凭证付给甲修理厂设备修理费 20 000 元，会计分录如下：

借：制造费用——修理费　　20 000
　　贷：银行存款　　　　20 000

2011 年 3 月 15 日，205 号凭证付给甲修理厂修理费 18 000 元，会计分录如下：

借：制造费用——修理费　　18 000
　　贷：银行存款　　　　18 000

2011 年 4 月 5 日，53 号凭证付给甲修理厂空调修理费 10 000 元，会计分录如下：

借：制造费用——修理费　　10 000

贷：银行存款　　　　　　　　　　　　10 000

审计人员采用调查分析法和跟踪追查法对该业务进行调查分析，经过反复查问得知，该企业和甲修理厂利用与当地公司的特殊关系，可提取大笔现金，以修理业务为名，可以收取10%的现金“手续费”，服务公司及银行有关人员获得非法收入8 000元。

（2）问题分析。该企业利用内部控制制度不健全和银行管理不严的漏洞，采用转移收入的手法，隐瞒、侵吞国家财产，违反了会计准则及相关法律法规的规定。经查实后，相关人员进行了处罚，没收全部非法收入。

（3）调账处理。经查实后，相关人员受到了处罚，调账会计分录如下：

借：银行存款　　　　　　48 000
　　贷：其他业务收入　　　　48 000
借：银行存款　　　　　　　8 000
　　贷：营业外收入　　　　　　8 000

例题七：（1）资料概述。审计人员在对某企业2011年度账目审查过程中发现，银行存款调整后余额与对账单余额调整后相等，但未达账项的每一项数额不一致。发现2011年5月3日12号记账凭证与原始凭证金额不符，该记账凭证付款金额为15 681元，原始凭证上是10 681元，相差5 000元，经查阅发现银行对账单中有两笔支出在银行存款日记账中没有记载。审计人员查证了5月3日12号凭证，会计分录如下：

借：银行存款　　　　15 681
　　贷：库存商品　　　　15 681
审计人员复核原始发票，其余额为10 681元

（2）问题分析。企业会计人员利用转账支票购买私人用品，以虚增库存商品的方法达到贪污公款的目的。审计人员通过取证，确认出纳人员存在贪污行为，对此需根据国家有关法律法规进行严厉处罚。

（3）调账处理。

借：其他应收款　　　　　　5 000

贷：以前年度损益调整　　　　5 000

第三节　其他货币资金的审计

一、其他货币资金

其他货币资金是指除库存现金和银行存款以外的其他各种货币资金，包括企业的外埠存款、银行本票存款、银行汇票存款、信用卡存款、信用保证金存款、存出投资款等。它们与库存现金和银行存款比，具有特殊的存放地点和用途，在会计制度中单独设置科目进行核算，在审计中也需要单独审计。

其他货币资金应该根据类别（外埠存款、银行本票存款、银行汇票存款、信用卡存款、信用保证金存款、存出投资款）进行明细核算。

二、其他货币资金的舞弊形式及审查方法

（一）外埠存款常见的舞弊形式及审查方法

外埠存款指企业到外地进行临时或零星采购时，汇往采购地银行开立采购专户的款项。企业汇出款项时，须填写汇款委托书；汇入银行对于汇入的采购款项，按汇款单位开设采购专户。采购专户存款只收不付，款项付完后结束账户。外埠存款常见的舞弊形式和审查方式如表 2-5 所示。

表 2-5　外埠存款常见的舞弊形式及审查方法

舞弊形式	具体表现	审查方法
非法设立外埠存款账户	◇捏造申请书，骗取银行信用，在异地开设采购专户，用于非法交易。 ◇在异地伙同异地合伙单位开设存款账户，将企业存款汇往异地作为外埠存款。	◇检查企业的开户申请书，分析在异地开户的必要性。 ◇检查异地的银行账号，核对申请书规定的开户行与实际开户行是否一致，如不一致需进一步查明原因。 ◇核对外埠存款余额与外埠银行对账单余额经调整后是否一致。

续表

舞弊形式	具体表现	审查方法
外埠存款支出不合理、不合法	◇使用外埠存款进行非法支出。 ◇随意改变外埠存款的用途。 ◇采购人员挪用外埠存款。	◇审计人员运用详查法，审查以外埠存款购进的全部商品、材料和其他物品，看其有无超出采购存款的佣金。 ◇审查“其他货币资金——外埠存款”明细账余额，查明其有无长期挂账现象，若“其他货币资金——外埠存款”占用时间长，应进一步分析查证其有无挪用资金或者不及时办理结算的问题。

（二）银行汇票的舞弊及审查方法

企业为取得银行汇票，按照规定存入银行的款项。企业向银行提交“银行存款汇票委托书”并将款项交存银行，取得银行汇票时，应当根据银行盖章的委托书存根联进行账务处理。银行汇票的舞弊形式和审查方法如表 2-6 所示。

表 2-6 银行汇票的舞弊形式和审查方法

舞弊形式	具体表现	审查方法
银行汇票使用不合理、不合法	◇超范围使用银行汇票、套取现金。 ◇为个人消费或为职工购买物品等。 ◇贪污汇票存款，找假发票，使发票单位或收款单位不一致。	◇检查银行汇票申请书，查明被查单位与收款单位有无业务往来；审查购销合同，特别要注意合同规定的结算方式，查明是否采用银行汇票结算。 ◇在分析使用汇票结算是否合理的基础上，进一步分析“其他货币资金——银行汇票存款”明细账，检查其是否及时办理结算。 ◇详查每一笔采用银行汇票结算的采购业务。主要检查：银行汇票收款单位是否与发货单位一致；结算金额是否与汇票金额一致；发票注明的商品是否与合同和入库商品一致。

续表

舞弊形式	具体表现	审查方法
非法转让或贪污银行汇票，获得非法所得	◇财会部门收到银行汇票时，不及时存入银行，而是通过无真实业务的背书转让给其他单位从中获得非法所得。 ◇办理完结算业务仍将汇票余款长期挂账予以贪污。	◇检查业务部门和财会部门的货款结算方式，分析企业销售与货款收回情况。假设发现已结算但货款尚未入账，应与付款单位取得联系以证实是否确实已付款。
收受无效的银行汇票，给企业带来损失	◇接受过期、作废或经涂改的银行汇票。 ◇接受非银行签发的银行汇票或假冒的银行汇票。 ◇收到的银行汇票，收款人并非本企业。	◇核对银行存款和银行对账单，审查不一致的项目是否为未达账项，否则应查明是否收到无效或过期的汇票。

（三）银行本票的舞弊形式及审查方法

企业为取得银行本票按规定存入银行的款项。企业向银行提交“银行本票申请书”并将款项交存银行，取得银行本票时，应当根据银行盖章退回的申请书存根联进行账务处理。银行本票的常见舞弊与审查方法如表 2-7 所示。

表 2-7　银行本票的舞弊与审查方法

舞弊形式	审查方法
银行本票与采购金额不一致	◇与银行汇票的舞弊审查方法相似。
银行本票金额较大，业务员用假发票抵账，贪污余款	◇检查“企业货币资金——银行本票存款”明细账，查明每笔银行本票是否有余额，如有，应进一步与原始凭证进行核对，然后与供货方对账，查明有无贪污余额的问题。 ◇核对结算款项与实际采购金额，调整有无虚减“银行本票存款”账户。

（四）其他货币资金舞弊审查的具体说明

其他货币资金舞弊的审查如表 2-8 所示。

表 2-8 其他货币资金审查的具体说明

1	◇查阅各种存款日记账、查证各种专户存款开立是否必要。如外埠存款是否因临时、零星采购物资所需而开立，信用证存款是否确实因在开展进出口贸易业务中采用国际结算方式所需而开立。
2	◇要求企业提供各种书面文件，查证开立各种专户存款是否经过适当的审批手续，其数额是否合理。
3	◇从日记账记录中抽出数笔业务查证其原始凭证和记账凭证，查证各存款户支用款项是否合理，即是否按原定的用途使用；是否遵守银行的结算制度；采购业务完成之后是否及时办理结算手续；有无非法转移资金的现象。
4	◇对于在途货币资金，应根据汇出单位的汇款通知书，查证在途货币资金的形成是否真实；在途货币资金发生后是否及时入账；收到在途货币资金后是否及时注销；对于长期挂账不注销或一直未收到款项的应查明原因。

三、例题分析

例题一：（1）资料概述。审计人员在审阅某企业 2011 年度“其他货币资金——外埠存款”时，发现有一笔业务的记账凭证摘要注明为“汇出货款”100 000 元。调阅该记账凭证，会计分录如下：

借：其他货币资金——外埠存款　　100 000

　　贷：银行存款　　100 000

事实证明确实有该交易，所附原始凭证为：电汇凭证一张，收款单位为 A 物料公司，开户银行账户为 01-6231。

（2）问题分析。审计人员进一步与财务负责人交换意见后，证实该笔款项是经领导同意汇往某地用于购买材料的款项，应作“材料采购”处理。

（3）调账处理。该企业汇出资金属于利用外埠存款转移资金的行为，违反了有关账户使用的相关规定。故根据《企业会计准则》规定，企业用于采购材料的款项应作为“材料采购”处理，收回转移资金时，做调帐分录如下：

借：材料采购　　100 000

　　贷：其他货币资金——外埠存款　　100 000

例题二：（1）资料概述。2013 年 12 月审计人员在对企业资产负债表中“物资采购”账户进行审查时，发现 4 月 3 日 5 号凭证借方余额 80 000 元，到查账日尚未结转“库存商品”。对“货币资金”项目进行进一步审查，发现一笔 4 月 5 日开出的银行汇票（记在 7 号凭证上）80 000 元。4 月 18 日 16 号凭证结清，付出金额 80 000 元。

两个 80 000 元是同一批商品还是两批不同的商品？对此审计人员首先调阅 5 号凭证，其记录如下：

借：物资采购——××公司　　　　80 000
　　贷：银行存款　　　　　　　　　80 000

所附原始凭证为电汇凭证，无××公司发票。收款单位为××公司。其次，调阅 7 号凭证，其记录如下：

借：其他货币资金——银行汇票存款　　　　80 000
　　贷：银行存款　　　　　　　　　　　　　80 000

所附原始凭证为银行汇票申请书，收款单位为××公司。调阅 16 号凭证，其记录如下：

借：物资采购——××公司　　　　　　　80 000
　　贷：其他货币资金——银行汇票存款　　80 000

（2）问题分析。经审计人员分析，被查企业购进的是同一批商品，为什么两次付款，并且数额一致，决定追踪调查。审计人员通过电话了解到××公司仅收到 4 月 3 日的电汇，尚未收到银行汇票存款。与银行对账单核对后，发现银行汇票款已背书转让给长江公司。与长江公司取得联系后，长江公司证实该汇票是由××公司小王背书转让给长江公司。查询付款单位财务部，证实电汇款和银行汇票均由付款单位会计小林办理。原来小林因业务关系同××公司会计小王合谋，将汇入的电汇款项作为货款，将汇票转让给长江公司，从中谋取私利 20 000 元。

（3）调账处理。此类问题查证后，应根据其具体形态做出账务调整，对于上述问题，该企业会计人员应做如下账务处理：

责令小林退回汇票款 80 000 元，同时没收小王的非法所得 20 000 元，其调账的会计分录如下：

收到退回的银行汇票款时：

借：银行存款　　　　80 000

　　贷：物资采购　　　　80 000

没收非法所得：

借：库存现金　　　　　　20 000

　　贷：营业外收入　　　　20 000

例题三：（1）资料概述。审计人员在审查 ABC 有限公司的“其他货币资金——外埠存款”明细账时发现，该公司 2010 年 3 月 15 日第 64 号凭证摘要注明“汇出汇款”80 万，至今尚未报销。经审计人员进一步查证，发现 ABC 公司和汇款地 F 地很少有资金往来，审计人员怀疑有挪用外埠存款的行为。

汇出汇款，64 号凭证：

借：其他货币资金——外埠存款　　　　800 000

　　贷：银行存款　　　　　　　　　　800 000

（2）问题分析。经审计人员到 F 地汇款地取证，发现 ABC 公司在 F 地的外埠存款没有用于采购材料。后来经过核对银行对账单，发现其存款余额为 100 万元。经调查，F 地为了吸收存款，将 ABC 公司的账户以外埠存款的名义设立，允许 ABC 公司自由取款。

（3）调账处理。转回其他货币资金

借：银行存款　　　　1 000 000

　　贷：其他货币资金　　　1 000 000

例题四：（1）资料概述。审计人员在审查 ABC 公司的“其他货币资金——银行本票存款”明细账时，发现该账户余额为 5 000 元，保留期为 6 个月，审计人员怀疑其中有贪污行为。同时发现该公司 5 月 10 日签发一张 2 万元的银行本票，5 月 20 日报销 17 550 元的银行本票，月末没有相关退回记录。

5 月 10 日，签发银行本票

借：其他货币资金——银行本票存款　　20 000
　　贷：银行存款　　20 000

5 月 20 日，收到 D 公司的商品

借：库存商品　　15 000
　　贷：其他货币资金——银行本票存款　　15 000

（2）问题分析。经审计人员分析，本票已经付出，为何月末之后其差额就不见了“踪影”？审计人员经过核对“现金日记账”、“银行存款日记账”，均没有相关记录。核对 D 公司账目，D 公司以库存现金 5 000 元退回差额款，有 ABC 公司会计主管的签字收据。由于 ABC 公司没有及时将银行本票的余额进行结算，导致会计主管利用职务之便将 5 000 元中饱私囊。会计主管承认了错误，并将赃款全部归还。

（3）调账处理。

收回存款。借：银行存款　　2 450
　　　　　　贷：其他货币资金——银行本票存款　　2 450

例题五：（1）资料概述。审计人员在审查 ABC 有限公司“其他货币资金——银行本票存款”明细账时，发现 ABC 公司 2010 年 7 月 10 日第 67 号凭证签发一张 5 万元的银行本票，年末仍挂账处理。经查，该银行本票是 ABC 公司签发的 3 个月票据，年末已过期，但 ABC 公司仍未做相关结算手续。

2010 年 7 月 10 日，签发银行本票

借：其他货币资金——银行本票存款　　50 000
　　贷：银行存款　　50 000

（2）问题分析。经审计人员向 ABC 公司询问，该公司称并未收到该票据。审计人员分析，要么该票据已经被公司背书转让，要么就是票据作废，但公司还未办理退款手续。经审计人员向银行查证，该公司并没有背书转让。

因此，审计人员询问当时签发该票据的会计，为何银行本票到期作废，不做相关结算手续。会计承认了公司已经收到结算通知，但由于工作疏忽，未及时结算。会计及时交出了银行本票的结算联和解讫通知联。由于 ABC 公司的内部控制制度不严，导致没有及时发现会计不办理作废银行本票的退款手续，占用了公司资金，审计人员对会计人员进行了批评。

（3）调账处理。收到银行本票的结算和解讫通知联时，调整相关分录。

借：银行存款　　　　　　　　　　　　50 000
　　贷：其他货币资金——银行本票存款　　50 000

例题六：（1）资料概述。审计人员 2012 年 1 月份审查企业 2011 年下半年的资产负债表。在审查过程中发现“材料采购”账户 10 月 3 日 20 号凭证借方余额为 20 000 元，到查账日尚未结转“库存商品”。发现 10 月 6 日 16 号凭证开出 20 000 元的银行汇票。10 月 21 日 30 号凭证记入一笔 20 000 元的银行汇票。调阅 10 月 3 日的 20 号凭证，所附原始凭证为购货发票，会计分录为：

借：物资采购——××公司　　　　20 000
　　贷：银行存款　　　　　　　　　20 000

调阅 10 月 6 号的 16 号凭证，所附原始凭证为银行汇票申请书，申请书的收款单位为××公司，会计分录为：

借：其他货币资金——银行汇票存款　　　　20 000
　　贷：银行存款　　　　　　　　　　　　　20 000

调阅 10 月 21 日的 30 号凭证，所附原始凭证为××公司发货票一张，会计分录为：

借：材料采购——××公司　　　　　　　　20 000
　　贷：其他货币资金——银行汇票存款　　20 000

审计人员通过函证，得知××公司只收到电汇，并没有收到银行汇票款，并且该汇票款已经背书转让。

（2）问题分析。该笔业务存在的问题有：会计人员付出银行存款进行材料采购，但却一直没有收到采购的物资，却重复记账；财务人员进行舞弊，窃取了汇票从中获利。审计结果为，企业责令会计人员退回汇款 20 000 元，没收会计人员的非法收入 1 000 元。

（3）调账处理。收到退回的银行汇票时：

借：银行存款　　　　20 000

　　贷：材料采购　　　　20 000

没收会计人员的非法收入：

借：库存现金　　　　1 000

　　贷：营业外收入　　　　1 000

第四节　应收票据的审计

一、应收票据

应收票据是指企业持有的、尚未到期兑现的商业票据。是一种有一定付款日期、付款地点、付款金额和付款人的无条件支付的流通证券，也是一种可以由持票人自由转让给他人的债权凭证。

二、应收票据的舞弊形式

由于应收票据具有一定的流动性，因此，发生舞弊的可能性极大。具体的舞弊形式表现如表 2-9 所示。

表 2-9 应收票据的舞弊形式

舞弊形式	具体表现
使用时违法违规	◇在非商品交易中使用商业汇票。 ◇商品交易在没有合法的商品购销合同情况下故意使用商业汇票。 ◇保管票据的人员可能将本企业所拥有的应收票据私自用于其本人、亲属或其他企业的非法抵押，给本企业带来潜在经济风险。
设置账户时浑水摸鱼	◇不设置“应收票据登记簿”，故意使应收票据的种类、签收日期、票面金额、承兑人、利率含糊不清。 ◇不设置“应收票据”账户，使得“应收票据”核算缺乏详细性，达到浑水摸鱼的目的。
会计核算时混淆黑白	◇将不属于应收票据的经济业务列作应收票据处理。 ◇虚构应收票据业务，虚增收入，虚增利润，粉饰经营业绩。 ◇发生了应收票据业务，却不进行核算，虚减收入，虚减利润，达到偷漏税金的目的。 ◇销售商品已取得货款，却列为应收票据，将货款予以贪污或挪用。
到期收回时消极对待	◇有的单位的经办人为了谋取私利，不积极组织催收，收取了对方好处费后故意到期不回收，长期挂账。 ◇有的单位故意将已收回的“应收票据”不按规定及时结转，长期挂账，达到挪用收回款项的目的。
计提坏账准备时无中生有	◇有的单位为了达到虚增管理费用，将应收票据的余额也作为计提坏账准备的基数，从而达到虚减利润、偷漏税金的目的。

三、应收票据舞弊的审查方法

鉴于上述应收票据出现的舞弊形式，审计人员应加强对五方面内容的审查，具体如表 2-10 所示。

表 2-10 应收票据舞弊的审查方法

1	审查核对应收票据明细账与总账的余额是否相符。
2	审查票据内容是否完整、明细账各项余额的加计是否正确。
3	监盘库存票据，并与应收票据登记簿的有关内容核对。
4	抽取部分票据向出票人函证，以证实其存在性和真实性。
5	查看应收票据的账务处理是否正确，有无与其他科目混淆核算。

四、例题分析

例题一：（1）资料概述。在实际工作中，经常存在应收票据核算假账的问题。有些企业将不属于应收票据的经济业务列作应收票据处理。如将银行汇票、银行本票与银行承兑票混淆核算；将应收账款业务列作应收票据；虚构应收票据业务，虚增收入和利润，粉饰经营业绩；发生了应收票据业务，却不进行核算，虚减收入和利润，以达到偷漏税金的目的；销售商品已取得货款，却列作应收票据，将货款予以贪污或挪用等。假如有这样的情况发生，会造成企业销售业务混乱，收入确认不明确，不利于公司财务管理。

（2）问题分析。上述示范的行为属于“会计核算混淆黑白”的舞弊形式。故意混淆应收票据的核算范围，以达到偷漏税金或贪污的目的。因此，为防范会计核算中出现此类舞弊现象，审计人员须对应收票据内容的真实性和主要账务处理的合规性进行审计。

例题二：（1）资料概述。审计人员在 2010 年 12 月 31 日结账前，审查国有企业 ABC 公司的“主营业务收入”明细账时，发现 2010 年 12 月 31 日第 60 号凭证摘要写“销售退回”收入 20 万元，仅附一张红色发票。审计人员同时在 2011 年 1 月 2 日第 12 号凭证又发现了相同数额的收入，仅附一张蓝色发票。同时审计人员在“应收票据”明细账、“主营业务收入”明细账都没有该笔业务收入。审计人员怀疑 A 企业利用“应收票据”制造假账。

2010 年 12 月 31 日销售退回会计分录：

借：主营业务收入　　　　　　　　200 000
　　应交税金——增值税（销项税额）34 000
　　贷：应收票据　　　　　　　　　　　234 000

2011 年 1 月 2 日，销售商品分录：

借：应收票据　　　　　　　　234 000
　　贷：主营业务收入　　　　　　　200 000
　　　　应交税金——增值税（销项税额）　34 000

（2）问题分析。审计人员分析，在三天之内就将这么大笔商品全部退回，对于任何企业来说都是很大的损失，也有很大的难度。而国企 ABC 发生这样的业务说明其另有目的，同时审计人员在相关库存商品等也未发现相关退回记录。因此，审计人员就此询问单位会计，其承认，ABC 公司由于 2010 年的效益不好，公司经理为了年末少缴税，让会计部门在 2010 年年末及 2011 年年初分别开具两张数额相同的发票，以冲减当期收益，偷逃税款。

由于 ABC 公司经理为了少缴税款，任意地调整收益，导致公司 2010 年偷逃税款，属于严重违纪行为。但其承认错误，同意调整分录。

（3）调账处理。

借：应收票据　　　　　　　　　234 000
　　贷：主营业务收入　　　　　　　　　200 000
　　　　应交税金——应交增值税（销项税额）34 000

例题三：（1）资料概述。审计人员在审查北京 ABC 有限公司“应收票据”明细账时，发现 2010 年 6 月 7 日第 57 号凭证 S 公司签发给北京 ABC 有限公司一张 3 个月到期、面值为 8 万元的商业承兑汇票，截止到 2010 年 9 月 7 日审计人员在“应收票据”明细账中未发现该票据的收款记录。审计人员怀疑公司将“应收票据”长期挂账。

2010 年 6 月 7 日第 57 号凭证：

借：应收票据——S 公司　　　　80 000
　　贷：其他业务收入　　　　　　　　80 000

（2）问题分析。经过审计人员调查分析，截至 2010 年 12 月 31 日未发现第 57 号凭证票据收款记录。经过取证调查，S 公司确实在 8 月 2 日因为经营困难，长期亏损，导致 ABC 公司无法正常收回票据价款，会计人员说为了谨慎先不做账务处理。首先，ABC 公司没有了解到 S 公司的经营状况和信用状况以及偿债能力，导致公司的损失发生；其次，会计人员对账务处理不熟练，导致公司在发生坏账时，没有及时进行调账，致使坏账长期挂账。会计人员对此进行了调整。

（3）调账处理。假如 ABC 公司在清查之日进行调账，

调账分录：借：应收账款——S 公司　　　　80 000

　　　　　　贷：应收票据——S 公司　　　　80 000

（4）假如 S 公司于 2010 年 12 月 31 日宣告破产，ABC 公司按照法律程序分到 3 万元，其余款项经部门批准后做坏账损失。

借：应收账款——S 公司　　　　80 000

　　贷：应收票据——S 公司　　　　80 000

借：银行存款　　　　30 000

　　坏账准备　　　　50 000

　　贷：应收账款——S 公司　　　　80 000

例题四：（1）资料概述。审计人员在审查某企业账目时，发现该企业在 2011 年 12 月有如下几笔类似业务，记录如下：

借：应收票据　　　　35 100

　　贷：主营业务收入　　　　30 000

　　　　应交税费——应交增值税（销项税额）　　5 100

借：应收票据　　　　46 800

　　贷：主营业务收入　　　　40 000

　　　　应交税费——应交增值税（销项税额）　　6 800

审计人员分析其对应账户“主营业务收入”明细账，追查至应收票据的原始凭证，发现了如下会计记录：

借：应交税费——应交增值税（销项税额）　　11 900

　　贷：应收票据　　　　11 900

（2）问题分析。以上这些记录均未附原始凭证，且在“库存商品”明细账和“应收票据”明细账中均未做登记，属于假账，目的是为了虚增当期利润。

（3）调账处理。假如上述问题在年终结账前发现，被查单位应做如下调账分录：

借：主营业务收入　　　　　70 000
　　贷：应收票据　　　　　　　70 000

假设上述问题在次年被查证，所得税税率为25%，按净利润10%计提法定盈余公积，按50%向投资者分配，做调账分录下：

借：应交税费——应交所得税　　　　17 500
　　贷：以前年度损益调整　　　　　　17 500
借：以前年度损益调整　　　70 000
　　贷：应收票据　　　　　　　70 000
借：利润分配——未分配利润　　　　52 500
　　贷：以前年度损益调整　　　　　　52 500
借：盈余公积——法定盈余公积　　　5 250
　　应付股利　　　　　　　　　　　　26 250
　　贷：利润分配——未分配利润　　　　31 500

例题五：（1）资料概述。审计人员对Z企业2011年度的销售收入进行查阅，在查阅企业2011年“主营业务收入”账簿时，发现年末有一笔红字冲减收入的业务100 000元，摘要为“销售退回”，没有单位名称。查阅该笔业务，其记录为：

借：主营业务收入　　　　　　　　　　　　　100 000
　　应交税费——应交增值税（销项税额）　　　17 000
　　贷：应收票据　　　　　　　　　　　　　　　117 000

该记账凭证所附的原始凭证为一张红字的发票记账联，同时又查阅了“应收票据”明细账，发现借方没有收到商业汇票的记录，而“主营业务收入”及“库存商品”的明细账均未作记载。在2012年的1月份账簿中，又发现了同样一笔金额的销售业务，记录如下：

借：应收票据　　　　　　　　117 000
　　贷：主营业务收入　　　　　　100 000
　　应交税费——应交增值税（销项税额）　17 000

该记账凭证只附了一张蓝字发票，其“应收票据”、“主营业务收入”明细账均未登记。

（2）问题分析。经审查，企业会计及领导承认，为了使 2011 年少纳税，让业务部分别在 2011 年末和 2012 年 1 月份开具红蓝两张同样内容和金额的发票。

（3）调账处理。假设上述问题在 2011 年末结账前查出，做调账分录如下：

借：应收票据　　117 000
　　贷：主营业务收入　　100 000
　　应交税费——应交增值税（销项税额）17 000

假设上诉问题在 2012 年 1 月份查出，所得税税率为 25%，按净利润 10% 计提法定盈余公积，按 50% 向投资者分配，做调账分录如下：

借：应收票据　　117 000
　　贷：以前年度损益调整　　100 000
　　应交税费——应交增值税（销项税额）　17 000
借：以前年度损益调整　　100 000
　　贷：应交税费——应交所得税　　25 000
　　利润分配——未分配利润　　75 000

对 2012 年 1 月份应收票据业务，做调账分录为：

借：主营业务收入　　100 000
　　应交税费——应交增值税（销项税额）　17 000
　　贷：应收票据　　117 000
借：利润分配——未分配利润　　45 000
　　贷：盈余公积——法定盈余公积　　7 500
　　　　应付股利　　37 500

例题六：（1）资料概述。审计人员查阅某企业 2011 年“应收票据备查簿”时，发现有一张 200 000 元的商业承兑汇票，承兑人为 W 公司，出票日期是2011年5月1日，但是“应收账款备查簿”未列明实际收款日期、收款金额。审计人员在查阅了“应收票据”明细账及有关记账凭证、原始凭证，同时与W公司取得了联系，发现该公司在2011年10月份就已经宣布破产进行清算了，证实了对方已经没有能力支付款项了。

（2）问题分析。应收票据应于8月1日到期，虽未收回但也应转入“应收账款”，2011年10月债务人宣告破产，有确凿证据证实款项已经无法收回，应经过坏账审批予以转销，不应长期挂账，导致企业资产不实。

（3）调账处理。

借：应收票据　　　　200 000

　　贷：应收票据　　　　200 000

借：坏账准备　　　　200 000

　　贷：应收账款　　　　200 000

第五节　应收账款的审计

一、应收账款

应收账款是指企业在正常的经营过程中因销售商品、产品、提供劳务等业务，应向购买单位收取的款项，包括应由购买单位或接受劳务单位负担的税金、代购买方垫付的各种运杂费等。应收账款既是企业的债权，又是企业的流动资产。因此，做好应收账款的审查，对于保证财务报表的真实性、促使企业及时收回款项、维护购销双方的合法权益，保障企业日常经营活动的顺利展开十分重要。

二、应收账款的舞弊形式

应收账款会计舞弊是企业会计造假的常用方法之一，一般情况下，应收账款容易出现的舞弊现象主要有六种，具体如表2-11所示。

表 2-11　应收账款舞弊现象一览表

舞弊现象	具体说明
入账金额不实	◇在实际工作中，可能出现按净额法入账的情况，以达到推迟纳税或将正常收入少计的目的，或者私吞折扣、折让，客观上造成应收账款入账金额不实的舞弊。
记录内容和范围不正确	◇故意混淆应收账款的核算内容和适用范围，将“应收账款”的账户成为营私舞弊的“调节器”，成为掩盖各种不正当经营的“防空洞”。 ◇将不属于应收账款的经济业务列为应收账款处理。如将应收票据、预付账款和其他应收款等列为应收账款业务。 ◇虚构应收账款业务，虚增利润，粉饰经营业绩。 ◇发生应收账款业务，不进行核算，虚减收入，虚减利润，达到偷漏税金的目的。 ◇销售商品已取得的货款，故意列作应收账款，将货款予以贪污或挪用。 ◇“移花接木”将长短期投资收益纳入应收账款，以达到偷税的目的。
回收期过长、周转速度过慢	◇在实际工作中存在应收账款迟迟不能收回的情况。如有的企业应收账款回收期比正常、合理的回收期高出 50%或一倍。
平均余额过大	◇在实际中存在应收账款余额过大的问题，以致影响了企业正常的生产和经营活动。
对坏账损失的处理不合理	◇在实际工作中，常有未按坏账损失确认标准处理现象发生，如将预计可能收回的应收账款作为坏账处理，以换取个人利益，将应列为坏账的应收账款长期挂账，造成资产不实；收回已经核销的坏账时，不是增加坏账准备，而是作为应付账款或不入账私吞。
备抵法和直接转销法运用不正确	◇在实际中存在着备抵法运用不合理、不正确，致使坏账损失处理不正确。如提取坏账准备金比率超过 3‰~5‰的范围；列入管理费用的坏账准备未与坏账准备贷记年末余额进行调整等。 ◇实际中，有的企业随意列支坏账损失，虚增管理费用，或发生坏账损失后，不及时列账，仍让其挂在“应收账款”账户上，对收回已核销的坏账冲销管理费用，然后将其私分或存入单位的“小金库”。

三、应收账款舞弊的审查方法

为了防止出现上述舞弊现象，提高审计效率，降低审计风险，我们总结了七种审查方法，具体如表 2-12 所示。

表 2-12 应收账款舞弊的审查方法

审查内容	具体说明
取得或者编制应收账款账龄分析表	◇通过验证表内项目计算的正确性；抽查该表中若干项目与明细账记录核对的一致性；该表合计数与应收账款总账余额的一致性；验证该表编制的正确性。 ◇分析确定该表有无异常项目；应收账款管理中存在的主要问题；应收账款收回的可能性；重点审查项目；询证对象。
审查应收账款总账	◇期初余额是否与前期经审查的余额相等。 ◇期末余额是否与相应明细账余额之和相等。 ◇期末余额是否与资产负债表“应收账款”项目金额相等，验证应收账款是否账账、账表相等，保持正确的勾稽关系。
对应收账款进行复核性分析	◇应收账款期末余额与期初余额的比较分析。 ◇本期应收账款周转率与前期的应收账款周转率比较分析。 ◇本期应收账款余额占流动资产、总资产的比重与前期的比较分析。 ◇本期销售退回与折让占销售收入总额的比率与前期的比较分析。 ◇本期坏账损失与前期的比较分析，初步判断应收账款期末余额的合理性，并进一步确定审计的重点和范围。
抽查审阅应收账款明细账记录	◇通过分析其摘要、业务发生的时间与金额、记账规范等，初步验证应收账款的增加、减少业务的真实性、正确性、合规性，并确定抽查哪些凭证。
抽查相应的应收账款会计凭证	◇审阅相关的原始凭证，验证应收账款的增加、减少业务的合规性、真实性、正确性。 ◇证证、账账核对相符，验证其账务的合规性和正确性。
发函询证应收账款不同结构的分析	◇询证回函确认的金额与发函询证的金额相符。 ◇询证回函确认的金额大于发函询证的金额。 ◇询证回函确认的金额小于发函询证的金额。
审查与应收账款相关的期后事项	◇抽查资产负债表日起至查证当日止所有销售退货和折让，查明它们是否与被审查期间及以前的销售业务有关，若有关，应进一步查明是否相应调整了查证期间的财务状况和经营成果。 ◇询问企业管理当局有关人员，是否有已发生退货行为，且退回物资已验收入库的情况；或者客户有退货意向，若有，应进一步查明是否与被查证期间及以前的销售业务有关及是否应调整被审计期间的财务状况和经营成果。

续表

审查内容	具体说明
审阅企业坏账准备账户记录，并抽查相应的全部会计凭证	◇验证企业坏账准备的计提方法和比率是否合理、合规。 ◇坏账准备的提取数额及相应账务处理是否正确、合规。 ◇已作坏账核销的应收账款是否合规，并经过有关领导的审批。

四、例题分析

例题一：（1）资料概述。某企业利用“应收账款”账户进行对外投资，原打算将投资收回冲减“应收账款”后，将投资收益移至账外给员工当作福利，结果投资失败，造成损失，领导害怕上级追究责任，迟迟不处理，造成“应收账款”账户长期挂账。2013 年审计人员在审阅该企业“应收账款”明细账时，发现有一明细科目为××项目，其金额为 100 万。当年无变动，询问财务人员时，也得不到答案，审计人员由此判断此款项可能存在问题。

（2）问题分析。当审计人员逐年追踪此款形成年份时，发现此款是于 2010 年 6 月形成的，明细账摘要内容只写“汇款”两字，记账凭证号为 48 号，经调阅 48 号记账凭证，发现其会计分录如下：

借：应收账款——××项目　　1 000 000

　　贷：银行存款　　　　　　　1 000 000

（3）调账处理。上述例题中的行为是“长期挂账”的舞弊形式。经审查，此记账凭证后只附有一张汇款单，查看汇款单，发现收款单位是南方某市所辖的一个乡镇。审计人员分别找有关知情人了解这笔应收账款的来龙去脉，并分析其原因。在有关人员的大力配合下，终于查清了 100 万元应收账款的真相。

例题二：（1）资料概述。某企业经分析，该年的销售指标难以完成，大致缺口为 80 万元，这样将影响企业及职工的切身利益。为此该企业于 12 月 22 日、12 月 26 日，在没有销售业务的情况下分别编制 111 号、141 号凭证。金额分别为 30 万元和 50 万元，作为销售收入入账，从而使企业完成了该年度的销售收入和利润指标。

（2）问题分析。上述例题中的行为是“虚增销售收入”的舞弊形式。审计人员在审阅该企业账簿时，发现12月份“商品销售收入”“应收账款”账户较以往各期发生额大。经与明细账户核对，发现“应收账款”明细账中根本未作登记，总账与明细账相差80万元，由此怀疑企业可能有虚增销售收入、虚报指标完成的问题。审计人员根据“T”型账户中的记录，调阅了有关记账凭证，发现12月22日111号凭证的内容如下：

借：应收账款　　351 000

　　贷：主营业务收入　　　　300 000

　　　　应交税金——应缴增值税（销项税）　　51 000

12月26号141号凭证的内容如下：

借：应收账款　　　　　　585 000

　　贷：主营业务收入　　　　500 000

　　　　应交税金——应缴增值税（销项税）　85 000

（3）调账处理。经审查核对，上述两张记账凭证均未附有任何原始凭证，虚列当期销售收入80万元，“库存商品”明细账和“应收账款”明细账也未作任何登记。经询问和调查有关会计人员及会计资料，以上分录已于下年初作为销货退回处理。

例题三：（1）资料概述。审计人员在2013年12月31日结账前，审查某国有企业的应收账款记账凭证时，发现12月份的应收账款比10月份、11月份两个月的总额还大，审计人员怀疑其为完成利润目标，虚增销售收入和应收账款。经过进一步调查，审计人员发现两张销售收入记账凭证没有原始凭证：2010年12月15日第98号凭证，应收账款金额35.1万；2010年12月25日第116号凭证，应收账款金额23.4万元，应收账款总额恰好是58.5万元，审计人员怀疑这两笔业务做假。

2010年12月15日，销售商品：

借：应收账款　　351 000

　　贷：主营业务收入　300 000

应交税金——增值税（销项税额）　　51 000

2010 年 12 月 25 日，销售商品：

借：应收账款　　　　234 000

　　贷：主营业务收入　　　　200 000

　　　　应交税金——增值税（销项税额）34 000

（2）问题分析。审计人员分析，该国企作为一般纳税人，销售产品必定有增值税发票，但这两笔业务却没有相关的原始凭证以及销售记录。审计人员询问会计，其说是丢了。再问及为何企业的“库存商品”明细账没有相关发出记录时，会计人员开始闪烁其词。经过审计人员的进一步询问，会计主管承认企业经理为完成本年度的利润目标，特令会计人员虚设两笔销售业务，到下年再做两笔销售退回来掩盖。

该国企为了完成本年度的利润目标，虚增销售收入，企业领导对此供认不讳。

（3）调账处理。

①假如审计人员是在 2010 年 12 月 31 日结账前发现该错误，做相关调账处理：

借：主营业务收入　　500 000

　　应交税金——增值税（销项）85 000

　　贷：应收账款　　　　585 000

②假如审计人员是在 2011 年 1 月 31 日发现该问题的，做以下相关调账处理（假定企业所得税税率为 25%，盈余公积为净利润的 10%）：

借：以前年度损益调整　　500 000

　　应交税费　　　　　　850 00

　　贷：应收账款　　　　585 000

借：应交税费——应交所得税　　　125 000

　　贷：以前年度损益调整　　　　　125 000

借：利润分配——未分配利润　　　375 000

贷：以前年度损益调整　　　　　　375 000

例题四：（1）资料概述。审计人员在2010年12月31日，审查B国企“其他应收款”明细账时，发现2010年8月12日第79号凭证载明“支付垫付款”，但到2010年9月30日第88号凭证，公司将垫付款以坏账损失的形式冲销，坏账损失的理由及相关票据不充分，审计人员怀疑公司利用“其他应收款”套取现金。

2010年8月12日，支付垫付款：

借：其他应收款——垫付运输费　2 400

　　贷：银行存款　　　　　　　　2 400

2010年9月30日，发生坏账损失：

借：资产减值损失——坏账损失　　　2 400

　　贷：其他应收款——垫付运输费　　2 400

（2）问题分析。审计人员分析，作为销售货款的运输费用，对方公司一般会在支付货款时将运输费一起支付。审计人员查阅了B国企销售给海昌有限公司的货物价款，已经全部结清。询问会计，其承认利用职务之便将代垫的运输费2 400元收入私囊。由于B国企缺乏良好的审查制度，导致公司会计有可乘之机，套取现金，给公司造成损失。鉴于其认罪态度好，及时将赃款交回，审计人员对其进行了批评教育。

（3）调账处理。

借：其他应收款——垫付运输费　　2 400

　　贷：资产减值损失——坏账损失　　2 400

借：银行存款　　　　　　　　2 400

　　贷：其他应收款——垫付运输费　　2 400

例题五：（1）资料概述。审计人员在审查某国企“其他应收款”明细账时，发现2010年11月的账户余额达21.15万元，这个余额比三个月发生额的总和还大，审计人员怀疑其中有作假行为。经过审计人员的盘查，发现2010

年 11 月 14 日第 85 号凭证明细科目载明苏宁电器 10 万元，增值税 1.7 万元，价税合计是 11.7 万元，审计人员怀疑其私自经营业务范围以外的业务，并将其收入计入“其他应收款”。

2010 年 11 月 14 日，购入电器：

借：其他应收款——苏宁电器　　117 000
　　贷：银行存款　　117 000

（2）问题分析。审计人员分析，该国企的营业执照上并没有经营电器的范围，但采购这么大金额的电器，既没有给员工做福利也没有自用，其一定有“猫腻”。经审计人员仔细查找货币资金的明细账，发现有一笔是销售该电器的业务，低价销售给外单位 14 万元全部存入企业“小金库”。该国企私自扩大经营范围，同时还私设“小金库”，偷逃税款，会计人员及领导对此供认不讳。审计人员责令其停止销售电器行为，同时撤销企业的“小金库”。

（3）调账处理。调整账簿、分录。审计人员在 2010 年 12 月 31 日结账日前发现该问题，做相关调账处理（假定企业所得税税率为 25%，盈余公积为净利润的 10%）。

调整分录：

借：银行存款　　140 000
　　贷：其他业务收入　　120 000
　　　　应交税金——应交增值税（销项税额）　　20 000
借：其他业务成本　　117 000
　　贷：其他应收款——苏宁电器　　117 000
借：所得税费用　　750
　　贷：应交税费——应交所得税　　750

例题六：（1）资料概述。审计人员在审查某企业分公司 2011 年度上半年的财务状况时，发现 5 月份 120 号凭证的记账内容是一项销售收入，但记账凭证后面却没有附任何附件，该记账凭证上的会计分录为：

借：应收账款　　35 100

贷：主营业务收入　　　　　　　　　　30 000

应交税金——应交增值税（销项税额）5 100

对其他凭证进行审阅，发现还有类似的两张凭证，合计销售金额为 90 000 元，应交税费金额为 15 300 元，应收账款余额为 105 300 元，最后财务人员不得不承认，虚列收入，增加利润。

（2）问题分析。由于分公司无法完成总公司下达的上半年销售任务，不得不通过虚列收入来增加利润，从而达到顺利完成任务的目的。

（3）调账处理。

借：主营业务收入　　　　　　　　　　90 000

应交税费——应交增值税（销项税额）　15 300

贷：应收账款　　　　　　　　　　　105 300

第六节　预付账款的审计

一、预付账款

预付账款是指企业按照购货合同的规定，预先以货币资金或货币等价物支付供应单位的款项。在日常核算中，预付账款按实际付出的金额入账，如预付的材料、商品采购货款、必须预先发放的在以后收回的农副产品预购定金等。对购货企业来说，预付账款是一项流动资产。预付账款一般包括预付的货款、预付的购货定金。施工企业的预付账款主要包括预付工程款、预付备料款等。

二、预付账款的舞弊形式

常见的预付账款的舞弊形式有五种，具体如表 2-13 所示。

表 2-13 预付账款的舞弊形式

舞弊形式	具体表现
预付账款后，未能收到货物或未能按期收到货物	◇主要表现在企业签订购货合同时不谨慎，对供货方资信情况了解不够；或者签订的合同不合理、不合法造成的支付预付账款而不能如期收到合同规定的货物，使预付账款消失，造成另一种形式的坏账损失。
利用预付账款业务往来搭桥	◇企业的预付款业务根本无对应的合同，而是利用预付款这一“中转站”往来搭桥，为他人进行非法结算，将所得回扣或佣金据为己有；或者利用该项业务转移资金，隐匿收入，私设“小金库”或“私分”。
预付账款核算不合理	◇存在着不按规定核算范围，预付账款账户所列经济事实混乱，反映的内容不真实、不合法、不合理，舞弊时有发生。
不合理的预付款	◇在市场上很容易就采购到的商品，或被审单位与供货单位具有长期良好的供销关系，按正常方法购入并无困难，但企业为了局部或个人利益，而采用预付款的方式。
“预付账款”账户长期挂账	◇被审单位单方面违约，供应单位根据购货合同没收预付账款，造成企业预付账款收不回来，长期挂账；或被审单位对供货单位信誉、生产能力等了解不够；或有关经办人谋取一己私利而上当受骗，到期收不到货物，以至于长期挂账，给企业造成另一种形式的坏账损失。

三、预付账款舞弊的审查方法

预付账款舞弊的审查方法如表 2-14 所示。

表 2-14 预付账款舞弊的审查方法说明表

审查方法	具体说明
审查企业预付账款内部控制制度	◇是否建立明确的职责分工制度，预付账款总账和明细账的登记应由不同的人员分别进行登记。 ◇预付账款的形成是否经过审批，是否严格按照合同规定执行。 ◇是否建立催收货款制度，企业发生的各种预付账款当及时按照合同规定清算、催收，对于长期未收回的预付账款，应查明原因，必要时可派人索要。 ◇是否建立坏账损失审批制度，企业发生的预付账款，如确实形成坏账损失，需经必要的审批方可列作坏账损失入账。

续表

审查方法	具体说明
查证预付款数额与预付款发生额是否相符	◇由于预付款业务需以合同为基础，因此对每一笔预付款业务，看其是否有对应合同，查证合同上规定的预付款数额是否同预付款发生额相符。 ◇要对购货合同的合法性、合理性进行查证，以确定是否存在以虚假或不合理合同串通作弊，虚列预付账款现象。
查阅预付款总账与明细账数额是否相符	◇查阅预付款总账与明细账，看其余额是否相符，还应注意明细账中相关摘要的叙述是否清晰，必要时可调阅相关记账凭证和原始凭证，以确定是否存在“预付账款”账户所反映的经济业务超出其所核算范围的情况。
查证预付账款业务关联单位	◇审查预付账款业务关联单位，确定是否存在虚假预付账款业务，以及预付账款余额是否正确。
查阅购货入库记录	◇查证购货入库记录，看有无重复付款或将同一笔已付清的账款在预付款和应付账款两个科目中同时挂账的情况。
查证相关的记账凭证和原始凭证	◇查证“预付账款”明细账账龄长短及相关记账凭证、原始凭证。如账龄过长，则有利用“预付账款”转移资金的舞弊行为。

四、例题分析

例题一：（1）资料概述。审计人员在审查一家企业“预付账款”明细账时，发现2009年9月28日有预付账款贷方14 000元，但借方对应科目不是“材料采购”，而是“银行存款”。调出该凭证，其会计分录为：

借：银行存款　　　　14 000

　　贷：预付账款——×公司　　　　14 000

（2）问题分析。进一步审查预付账款明细账，在9月28日之前未发生预付业务，说明不该有预付账款贷方核算内容，从而断定这不是预付账款业务。经与×公司联系，确实无预付账款业务，断定这笔预付账款是虚假业务，经查实，财务负责人和会计人员承认这笔是销售废旧物资收入，企业领导为了偷漏税款，指示会计人员作假。

（3）调账处理。

如果截留收入仍然挂在账上，调整分录为：

借：银行存款 14 000
　　贷：其他业务收入 14 000

如果这笔收入已做为非法开支使用，调整分录为：

借：其他应收款（或有关费用） 14 000
　　贷：其他业务收入 14 000

收到追回款，调整分录为：

借：银行存款（库存现金） 14 000
　　贷：其他应收款 14 000

例题二：（1）资料概述。审计人员在审计某企业 2013 年 3 月份“预付账款”明细账时，发现 3 月 11 日有一笔预付账款业务，摘要中注明的是收到一笔预付账款业务，但未注明销货单位名称，该明细账借方未作记载。当审计人员查阅了 3 月 11 日 12 号凭证，其会计分录如下：

借：银行存款 50 000
　　贷：预付账款 50 000

（2）问题分析。上述例题中的行为属于“利用预付账款截留收入、少缴税款”的舞弊形式。记载凭证所附的原始凭证为一张银行收款通知和一张专有技术转移证书。因此，断定该“预付账款”账户所反映的内容不真实、不合法，有截留收入、少缴税款的问题。

例题三：（1）资料概述。审计人员在查阅某公司 2011 年 8 月份“预付账款”明细账时，发现一笔数额较大、时间也较长的预付账款。对该笔业务的原始资料进行查阅，发现该笔业务订购的企业由于经营不当，常年亏损而倒闭，由于对该企业的资信情况了解不清，导致 50 万元的预付款只追回 20 万元。

（2）问题分析。由于该公司没有对所购企业的资信情况进行了解，而盲目预付货款造成。

（3）调账处理。该情况一般不做调账处理。

例题四：（1）资料概述。审计人员在审阅某公司 2011 年度的“预付账款”明细账时，发现 2011 年 8 月 3 日有预付账款贷方发生额 20 000 元，但借方科目不是“材料采购”，而是“银行存款”，其会计分录如下：

借：银行存款　　　　　　　　20 000
　　贷：预付账款——×公司　　　　20 000

经查证，确认无该笔预付账款业务，于是断定为虚假预付账款，企业领导人为了偷税，要求会计人员将销售废旧物资的一笔收入做上述账务处理。

（2）问题分析。该企业利用“预付账款”账户，截留收入，偷逃税金。

（3）调账处理。假设截留收入仍然挂在“预付账款”账户上，则做调账分录如下：

借：预付账款　　　20 000
　　贷：其他业务收入　　20 000

假设已将该笔业务做非法开支使用，则做调账分录如下：

借：其他应收款（或有关费用科目）　20 000
　　贷：其他业务收入　　　　　　　　20 000

假设收到追回款时，做调账分录如下：

借：银行存款　　　20 000
　　贷：其他应收款　　20 000

第七节　其他应收款的审计

一、其他应收款

其他应收款是企业应收款项的另一重要组成部分。是企业除应收票据、应收账款和预付账款以外的各种应收暂付款项。其主要内容包括应收的各种赔款、罚款，如因企业财产等遭受意外损失而向有关保险公司收取的赔款等；

应收的出租包装物的租金，应向职工负担的医药费；存出保证金，如租入包装物支付的押金；其他各种应收、暂付款项。

二、其他应收款的舞弊形式

企业常见的其他应收款的舞弊形式如表 2-15 所示。

表 2-15　其他应收款的舞弊形式

舞弊形式	具体表现
其他应收款业务不真实、不合法	◇将超出企业经营范围的业务收入反映在“其他应收款”账户，以挪用或长期占用企业资金。 ◇利用“其他应收款”账户，私自存放大量现金，违反库存现金限额管理的规定，或任意支付与企业经济无关的款项，列入“其他应收款”。 ◇利用“其他应收款”账户为其他单位和个人套取现金，为贪污、盗窃、损公肥私提供方便。
其他应收款长期挂账	◇为职工垫付的款项过多，造成国有资产事实上被个人长期占用，影响企业的正常生产经营活动。 ◇应向有关单位、个人收取的罚款、赔款长期无法收回，有些形成损失。 ◇存出保证金、押金超过正常期限未能收回等。
定额备用金核算违规	◇在定额备用金制度下报销费用时，做出错误的会计分录。

三、其他应收款的审查内容

对于企业其他应收款的审查如表 2-16 所示。

表 2-16　其他应收款的审查

审查其他应收款内部控制制度的注意事项	◇被查单位是否建立了明确的职责分工制度。“其他应收款”的总账和明细账户的登记应由不同的职员分别登记；现金收款员不得从事其他应收款的记账工作。 ◇是否建立了备用金领用和报销制度，备用金限额的确定是否合理，实际执行是否严格按照制度控制。 ◇是否建立了包装物的收受、领发、回收、退回等制度，是否设专人保管，是否有单独的账簿记录。 ◇是否建立定期清理制度，其他应收款的催收工作是否及时等。

续表

全面审阅“其他应收款”明细账	◇通过审阅摘要说明及业务内容，看其是否记有不属于“其他应收款”账户核算范围的各种应收和暂付款项。 ◇是否有应向职工收取的各种垫付款项。 ◇是否有长期挂账现象；是否有将其他应收款违规转销的情况等。
在审阅明细账的基础上，再核对记账凭证及原始凭证	◇通过审阅记账凭证及原始凭证，可查明垫付款项的具体内容和垫付款作坏账损失处理的依据，从而判断其账务处理正确与否。 ◇通过核对记账凭证及原始凭证，可查明借款部门（单位）、借款人、借款时间、借款原因、借款金额、还款情况以及长期拖欠的金额等。 ◇通过核对记账凭证及原始凭证，可查清企业将其他应收款作为坏账损失的依据是否合规。
运用调查法检查其他应收款	◇在核对法的基础上，对于情况不符的其他应收款，应调查对方单位，是否将租金或押金等退回，而企业没有入账，转作“小金库”或被有关人员贪污。 ◇对于长期挂账的应收款，应询问有关人员，查清应收回款项常年挂账的原因，从而进一步搞清可能舞弊的全过程。

四、例题分析

例题一：（1）资料概述。审计人员在检查某企业 2011 年“其他应收款”明细账时，发现摘要中注明应收××赔款的业务，借方发生时间为 3 年以前，至今仍处于挂账状态，未予处理。审计人员查阅有关记账凭证和原始凭证，并且询问有关人员，最后确定企业仓库管理人员因责任事故造成的损失 2000 元由责任人承担，但责任人却不知去向，所以该笔业务已成坏账。

（2）问题分析。该企业对其他应收款占压资金管理不严，责任人离开时未采取措施，导致赔款无法收回。

（3）调账处理。该笔业务经过有关部门批准后做坏账处理：

借：坏账准备　　　　2 000
　　贷：其他应收款　　　2 000

例题二：（1）资料概述。审计人员在检查某企业 2011 年“其他应收款”明细账时，发现该企业 2011 年 5 月 2 日 16 号原始凭证的摘要内容含糊不清，金额为 10 000 元，于是决定进一步调查。查阅该凭证的会计分录为：

借：其他应付款　　　　10 000
　　贷：其他应收款　　　　10 000

该记账凭证后面没有附任何原始凭证。经调查发现，在“其他应收款”明细账中，4 月 20 日 53 号凭证的记账分录为：

借：其他应收款　　　　10 000
　　贷：库存现金　　　　10 000

其摘要内容为购买办公用品和预借差旅费，经调查上述款项并没有用于购买办公用品和差旅费，而是借予其他企业来收取 10% 的手续费。最后该企业以套开发票的形式将收回的款项 11 000 元作暂存款处理，会计分录为：

借：银行存款　　　　11 000
　　贷：其他应付款——×公司　　11 000

（2）问题分析。该企业违反了发票管理规定和现金管理制度，利用“其他应收款”科目非法套取现金，进行舞弊。

（3）调账处理。企业将上述非法所得上交国库时，做会计分录如下：

借：其他应付款——×公司　　1 000
　　贷：营业外收入　　　　1 000

第八节　坏账准备的审计

一、坏账准备

坏账是指企业无法收回或收回的可能性极小的应收款项。坏账准备是指企业的应收款项（含应收账款、其他应收款等）计提的，是备抵账户。

二、坏账准备的舞弊形式

坏账准备常见的舞弊形式如表 2-17 所示。

表 2-17　坏账准备的舞弊形式

舞弊形式	具体表现
坏账准备计提比例不真实	◇有的企业利用政策漏洞，通过随意改变坏账准备计提方法或扩大、缩小坏账准备计提比例，从而人为地调节利润。
坏账损失确认随意	◇有的企业把预计可收回的应收账款作为坏账处理，将本应该确认为坏账准备的应收账款却长期挂账，导致资产账面价值反映不真实。 ◇核销坏账时不履行相关手续，会计人员没经批准就擅自予以核销。
应收账款账龄失真	◇人为地对应收账款账龄进行分类，此外用应收账款把某一户头的最后一笔往来款的发生时间作为该户头所有往来款账龄的时间，使得那些账龄较长但到目前仍然有零星往来账的户头的账龄很大程度被低估。
关联方虚假购销	◇企业收取大量货款却不及时交货，拖延时间进行坏账损失的计提比例，以此来虚增利润，从而有利于筹集资金、真融资假销售。 ◇未签订购销合同而进行的交易，定期向第三方支付预付款交易。 ◇上市公司也利用改变股东权益结构使一些关联方交易在表面上看来属于两个完全独立法人之间进行的交易活动，实现公司所预期的目标。

三、坏账准备舞弊的审查点

针对上述坏账准备出现的舞弊现象，我们有以下六种针对舞弊的审查点，具体如图 2-18 所示。

表 2-18　坏账准备舞弊的审查点

审查点	具体说明
正确核算应收账款	◇应重点关注：应收账款核算范围正确与否、核算内容真实与否、核算是否准确规范以及其他应收款的多少及其合法性。
审查秘密准备	◇秘密准备是指超过资产实际损失金额而计提的准备。 ◇如在某年人为地超常提取巨额坏账准备，使当年利润急剧下降，次年却以债务重组等方式成功收回而大量冲回坏账准备，因此次年利润突升。这种以稳健为名义多提准备，以达到隐匿资产、减少本年利润的计提秘密准备行为也应重点关注。
确定计提是否充分	◇坏账准备的计提范围包括：应收票据、应收账款、预付账款、其他应收款、长期应收款等应收款项。

续表

审查点	具体说明
计提方法和比例是否恰当	◇关注被审计单位的坏账准备计提方法、比例较去年有无变化。按照规定，方法一经确定，不得随意变更；如需变更，应当在报表附注中予以说明。
核查坏账准备的核算与处理	◇在被审期间内发生的坏账损失，应审查是否有确凿的证据表明其确实无法收回，转销依据是否符合有关规定，有无授权批准，会计处理是否正确。 ◇审查企业是否通过设置备查簿进行登记控制，以免已冲销账款以后回收时被有关人员纳入私囊。
检查函证结果和分析性复核	◇对债务人回函反映的例外事项及存在争议的余额，审计人员应查明原因并做记录，必要时应建议被审计单位作相应的调整。

四、例题分析

例题一：（1）资料概述。甲公司采用应收账款余额百分比法计提坏账准备，自行确定的比例为2%。年末应收账款借方余额为500万元，坏账准备期初余额为10万元，本期发生坏账损失20万元，收回前期已核销的坏账10万元。其中年末应收乙公司欠款50万元，有确凿证据表明只有收回20%。甲公司年末计提了10万元的坏账准备，计提后坏账准备期末余额为10万元。

（2）问题分析。由于年末应收乙公司欠款50万元，有确凿的证据表明只有收回20%，应采用个别认定法计提坏账准备。甲公司计提的坏账准备不恰当，建议对乙公司进行调整，计提坏账准备39万元［（500-50）×2%+50×80%-10］。

（3）调账处理。调整后会计分录如下：

借：资产减值损失　390 000

　　贷：坏账准备　　390 000

例题二：（1）资料概述。审计人员在审查某分公司上半年应收账款时，要先了解该分公司的坏账准备的计提情况，分公司是按应收账款的百分比法计提坏账准备，坏账准备的计提率为10%，半年计提一次。6月份该公司计提的坏账准备的记账凭证上的会计分录为：

借：资产减值损失　　　　50 000
　　贷：坏账准备　　　　　50 000

核对总账和明细账时，两者相符。上半年应收账款的余额为900 000元，其他应收款为100 000元，年初坏账准备余额为80 000元，上半年发生坏账损失13 000元。上半年“坏账准备”账户合计余额为80 000−13 000=67 000元，6月底应保持的金额为（900 000+100 000）×10%=100 000元，上半年应补提的坏账准备为：100 000−67 000=33 000元。

（2）问题分析。从审计结果可以看出，该分公司多提了17 000元坏账准备，从而减少了利润。

（3）调账处理。借：坏账准备　　　　17 000
　　　　　　　　　贷：资产减值损失　　　　17 000

例题三：（1）资料概述。审计人员在审查北京ABC有限公司“坏账准备”明细账时，发现2010年年末的账户余额是11 989元，但审计人员查阅ABC有限公司的“应收账款”明细账、“其他应收款”明细账时发现其余额合计为1 973 000元，按照ABC有限公司制定的坏账准备提取比率为3‰，本年应计提的坏账准备数额应为5 919元。审计人员怀疑ABC有限公司多计费用，偷逃税款。

（2）问题分析。审计人员分析，“坏账准备”的计提需要按照公司规定的提取比率计提，同时其计提基数一般只包括“应收账款”、“其他应收款”，企业不得任意改变提取率和计提基数。经查发现，ABC有限公司到年末将“应收票据”余额40万元、“预付账款”余额24 801.25元和“应收账款”、“其他应收款”一起作为计提基数，同时还任意将坏账准备提取率从3‰提取到5‰，多计提坏账准备6 070元。ABC有限公司为降低本年的所得税支出，任意提高坏账准备计提基数和提取率，从而虚增费用，偷逃税款。

（3）调账处理。①假如审计人员在2010年12月31日结账前发现该问题，做相关调账处理。

借：坏账准备　　　　6 070
　　贷：资产减值损失　　　　6 070

②假如审计人员在 2011 年 1 月 31 日查清该问题，做相关调账处理（假定企业所得税税率为 25%，盈余公积为净利润的 10%）：

借：坏账准备　　　　　　　6 070
　　贷：以前年度损益调整　　　6 070
借：以前年度损益调整　　　　1 517.50
　　贷：应交税费——应交所得税　1 517.50
借：以前年度损益调整　　　　4 552.50
　　贷：利润分配——未分配利润　4 552.50
借：利润分配——未分配利润　　　455.25
　　贷：盈余公积　　　　　　　　　455.25

第九节　存货的审计

一、存货

存货是指企业在日常活动中持有以备出售的产成品或商品、处在生产过程中的在产品、在生产过程或提供劳务过程中耗用的材料或物料等，包括各类材料、在产品、半成品、产成品或库存商品以及包装物、低值易耗品、委托加工物资等。存货审计包括直接材料成本审计、直接人工成本审计、制造费用审计和主营业务成本审计等内容。

二、存货的舞弊形式

存货由于占用企业资金的比重比较大，且一般种类繁多、收发较为频繁，在管理和核算上存在一定的难度，容易产生薄弱环节，易引发舞弊现象。在实际工作中，常见的存货舞弊形式如表 2-19。

表 2-19　存货的舞弊形式

舞弊形式		具体表现
存货的取得	虚构存货存在	◇通过对并不存在的项目编造各种虚假资料，如没有原始凭证支持的记账凭证、夸大存货盘点表上存货数量、伪造装运和验收报告以及虚假的定购单，从而虚增存货的价值。
	违规分摊，成本不实	◇一些企业在核算购入材料的采购成本时，将能够直接计入各种材料的采购成本不直接计入，或将应按一定比例分摊计入各种材料的采购成本不按规定进行合理的分摊，如在“材料采购”账户中，只核算购入材料的买价，将应计入购入材料的运杂费、运输途中的合理损耗、入库前的整理挑选费用等采购费用全部计入“管理费用”账户；购入材料发生的运杂费，不按材料的重量或买价等比例分摊计入各种材料的采购成本，而全部计入某主要材料的采购成本，以加大主要材料的采购成本，减少其他材料的采购成本。
存货的发出	材料假出库，虚列成本费用	◇企业为了逃避所得税，虚减利润，就采用办理假出库手续，虚列材料费用，人为提高产品生产成本，进而增加产品销售成本，相应地虚减利润总额。
	随意变更存货的计价方法	◇根据会计制度规定，企业可以根据自身的需要选用制度所规定的存货计价方法，但选用的方法一经确定，年度内不能随意变更，如确实需要变更，必须在会计报表中说明变更原因及其对财务状况的影响，但在实际工作中，个别企业随意变更计价方法，造成会计指标前后各期口径不一致，人为调节生产或销售成本，调节当期利润。
存货的盘点	操纵存货盘点	◇通过对存货的重复盘点，即将已经盘点过的存货放到将要盘点的存货里面去，进行二次盘点；虚假列示存货存在，即在仓库里堆进已封好的空包装箱；提供虚假出入库数据等办法进行舞弊。
	不报毁损，虚盈实亏	◇企业在清查财产过程中发现毁损材料，应按照规定程序报批转销其毁损价值，但个别企业为了掩盖其不景气的经营状况，搞虚盈实亏，对年终财产清查中已经查明的毁损材料，不列表呈报，使其损失价值仍潜藏在材料成本中。
	材料盘盈盘亏，不作转账处理	◇对实地盘点过程中发现的盘盈盘亏，不进行正确的会计处理，相反却利用不正确的处理手法，人为调节利润。经济效益较好的企业，为了压低利润，采取只列报和处理材料盘亏，对材料盘盈隐匿不报和不作转账处理；效益不好的企业，为了争取多实现一部分利润，就采取了只对材料盘盈作转账处理，而对材料盘亏留待下年度处理的做法，还有的企业随意转账，将盘盈材料计入“营业外收入”或“其他业务收入”，或将盘盈盘亏与物资储备中发生的非常损失或溢出金额相互冲销，不转出其相应的“进项税额”，以增加增值税的抵扣数。

续表

舞弊形式		具体表现
	利用存货的特殊业务进行舞弊	◇企业通过债务重组、非货币性交易、关联方交易、滥用会计政策及会计估计变更、虚假的时间性差异、虚假披露等手段操纵利润。如根据国家税法和《企业会计准则》的规定，企业之间以生产资料串换生活资料，以生产资料对换其它生产资料等，都应视同销售，作购进和销售账务处理，并计算相关税金，但有些企业在这种非货币性交易中，不结算，不走账，摆脱银行、工商行政管理等部门的监督，为偷逃流转税、虚减销售收入、隐瞒利润。

三、存货舞弊的审查方法

存货舞弊的审查点，具体说明如表 2-20 所示。

表 2-20　存货舞弊的审查方法

审查方法	具体说明
核对法	◇将存货账簿上的结存数量与存货的实际库存数进行核对，查看账实是否相符。 ◇将存货入库单与购货合同、购货发票进行核对，看规格、数量、金额等是否相符。 ◇将生产工人的工资与生产考勤记录、工时记录或计件记录进行核对，看工资计算是否正确。 ◇将生产部门加工完的存货数量与仓库入库单的数量进行核对，看是否相符。 ◇将存货明细账与会计凭证、总分类账核对，看记载的内容、数量、金额是否一致。
抽查法	◇抽查入库点、购货发票、购销合同，以查看在规格、数量、价格方面是否相符。 ◇抽查原始凭证与记账凭证，查看两者记录的内容是否一致。 ◇抽查生产工人的工资计算是否正确，在产品之间分配工资的方法是否恰当。 ◇抽查生产耗用的材料与仓库发出的材料，查看规格、数量等是否相符。 ◇抽查产品之间共同耗用材料的分配方法、制造费用的分配方法是否恰当。 ◇抽查存货盘点制度，查看有无对存货进行定期盘点，以确保存货的安全、完整。

续表

审查方法	具体说明
比较分析法	◇将本年度生产产品的直接材料与以前年度的进行比较分析，查看直接材料占总成本的比例是否合理。 ◇将本年度前后各期存货的期末余额进行比较，查看库存是否合理。 ◇将本年度前后各期的制造费用进行比较，查看发生额是否异常。 ◇将本年度前后各期生产工人的工资进行比较，查看是否有较大的金额变动，工资费用占产品总成本的比例是否合理。 ◇对材料成本差异进行比较分析，查看是否有故意利用材料成本差异来调节成本的情况。
监盘法	◇存货明细账与总分类账核对一致后，在账账相符的情况下编制库存明细账，采用监盘法对存货进行实地盘点，查看实存数与账存数是否一致。
查询法	◇在对存货查账过程中，如有不清楚、不明白或有疑问，可向相关知情者、责任人、经手人等进行询问，也可函证客户核实情况。
存货计价测试	◇审查存货计价是否正确。 ◇查看计价方法是否遵循一惯性原则。 ◇检查存货跌价准备的计提是否恰当，有无滥用会计估计的情况发生。 ◇对直接材料成本、直接人工成本、制造费用进行存货成本审计。
存货截止测试	◇抽查存货盘点日前后的购货发票、入库单及会计账簿，进行购销和销售的截止测试。

四、例题分析

例题一：（1）资料概述。审计人员在审查一家企业“库存商品”明细账时，发现10月9日进货成本比前两次高很多。进一步审阅当前的记账凭证，其会计分录为：（电子书）

借：在途物资　　67 000
　　应交税金——应交增值税（进项税额）　　10 200
　　贷：银行存款　　77 200

这张记账凭证所附的原始凭证是一张增值税专用发票和两张费用发票，专用发票上注明该批商品的进货成本为60 000元，增值税17%，费用发票注明运杂费2 800元，包装费3 000元，装卸费1 200元。显然，企业把这7 000

元的进货成本也计入到了商品成本中。

（2）问题分析。一些采购人员往往采用高价采购，收受回扣的方式中饱私囊。对于这种作假方式，企业把本应列入“销售费用”账户的运杂费等计入了采购成本，一方面增加了商品成本，另一方面也减少了当期利润。此时，审计人员应当重点检查进货发票的细节内容，即可发现问题。

（3）调账处理。

如果该商品在当年尚未出售，但已入库。调整的分录为：

借：销售费用　　　　　　　　7 000
　　贷：在途物资　　　　　　　　7 000

如果该商品已出售，调整如下：

借：销售费用　　　　　　　　7 000
　　贷：主营业务成本　　　　　　7 000

例题二：（1）资料概述。审计人员在审查北京 ABC 有限公司“原材料”明细账时，发现 2010 年 6 月 3 日第 52 号凭证记载“购入原材料”，给海南昌润公司价税合计 58.5 万，款项未付，仅仅附一张增值税抵扣票据。这么远的距离，不可能没有运输费用，但未见有运输费用计入原材料成本，也未见有运输费用的票据。审计人员进一步查证当天的凭证，发现在“管理费用”明细账中，6 月 3 日第 53 号凭证记账“管理费用”3 500 元，后附运输费用票据。审计人员怀疑该企业将进货发生的费用计入当期损益中。

2010 年 6 月 3 日记账凭证：

购入原材料：

借：原材料　　　　　　　　　　　　500 000
　　应交税金——应交增值税（进项）　　8 500
　　贷：应付账款（昌润公司）　　　　　585 000

支付运费：

借：管理费用　　　　3 500
　　贷：库存现金　　　　3 500

（2）问题分析。审计人员分析，作为原材料成本的一部分，只要属于原材料运输过程中发生的各种正常支出都应该算做成本的一部分。北京 ABC 公司的处理明显不当。由于相关会计人员对账务处理不熟悉，导致 ABC 公司没有将进货过程中发生的运输费用计入原材料成本中，少计了成本，增加了费用（运杂费按 7%计算税率）。

（3）调账处理。

借：原材料　　　　　　　　　　3 271
　　应交税金——增值税（进项）　　229
　　贷：管理费用　　　　　　　　　3 500

例题三：（1）资料概述。审计人员在审查北京 ABC 有限公司“库存商品”明细账时，发现 2010 年 5 月 20 日第 47 号凭证摘要载明“进货退回”业务，调出其记账凭证，发现记录的分录缺少进项税额，审计人员怀疑 ABC 有限公司利用进货退回少交增值税，因此决定进一步追查下去。

2010 年 5 月 20 日第 47 号凭证：

进货退回：

借：银行存款　　　　　　　23 400
　　贷：库存商品——L 商品　　20 000
　　应付账款　　　　　　　　3 400

（2）问题分析。审计人员分析，从增值税发票和公司所做的会计分录来看，公司并没有将进项税额转回。询问会计，其承认公司利用进货退回，没有将进项税额结转，以到期末少交增值税，偷逃税金。企业领导对此供认不讳。这属于严重违纪行为，虽然企业领导及时将税款结转，但对其偷漏税行为应进行处罚，审计人员决定对其处以 500 元罚款。

（3）调账处理。

借：应付账款　　　　　　　　26 800

贷：应交税金——增值税（进项税额转出）　　3 400

银行存款　　23 400

收到罚款：

借：库存现金　　500

贷：营业外收入——罚金　　500

例题四：（1）资料概述。审计人员在审查 ABC 有限公司 A 产品生产成本账簿时，发现 2010 年 12 月 A 产品的成本比上几个月的成本都高，其中存在 12 月 20 日第 111 号凭证和 112 号凭证记载两笔没有附原始凭证的大额原材料出库，审计人员怀疑 ABC 有限公司利用假出库，虚增成本。

111 号凭证分录如下：

发出原材料：

借：生产成本　　250 000

贷：原材料——H　　250 000

112 号凭证分录如下：

发出原材料：

借：生产成本　　150 000

贷：原材料——L　　150 000

（2）问题分析。审计人员分析，都到年末了，同时作为原材料出库的记账凭证，最少应该附有“出库单”等基本的原始凭证。因此，这两笔业务有很大的疑点。审计人员询问这两种材料的仓库保管员，是否在 12 月 20 日有这两种材料的发出，结果证实没有这两种材料的发出记录。随后询问会计人员，在事实面前，其不得不承认：公司为隐瞒利润，多记了 40 万元成本。ABC 公司为了向政府申请更多的资助，因此隐瞒利润，多计了 40 万元的成本，审计人员责令其改正。

（3）调账处理。（假如审计人员是在 2010 年 12 月 31 日结账日前发现该错误，做相关调账处理）

借：原材料——H　　　　250 000

　　贷：生产成本　　　　　250 000

借：原材料——L　　　　1500 00

　　贷：生产成本　　　　　150 000

例题五：（1）资料概述。审计人员在审查国有企业北京 ABC 有限公司 2010 年 12 月账簿时，发现 ABC 公司没有该月的“库存商品”明细账，审计人员怀疑其中有作假行为。

（2）问题分析。审计人员分析，这么大的企业一个月内不可能没有“库存商品”的进出等相关业务。审计人员进一步询问会计主管李伟，李伟说出纳忘了登记，问出纳杨士奇，其承认 ABC 有限公司为了偷逃税款，将 12 月的生产成本全部转入“主营业务成本”，以虚增成本，减少利润，少交所得税。经审计人员进一步核实，ABC 公司年末“库存商品”的余额应为 892 300 元。ABC 有限公司领导为少交所得税，私自将生产成本转入“主营业务成本”，使得公司虚增成本，减少利润，偷逃所得税款。

（3）调账处理。（假如审计人员在 2010 年 12 月 31 日结算前查清，做如下调整分录）

借：库存商品　　　　　892 300

　　贷：主营业务成本　　　892 300

例题六：（1）资料概述。有的企业经济效益较好，为了压低利润，采取了只列报处理材料盘亏，而对材料盘盈隐匿不报和不作转账处理。相反，效益不好的企业，为了争取多实现一部分利润，就采取了只对材料盘盈作转账处理，而对材料盘亏留待下年度处理，还有的企业随意转账，将盘盈材料计入“营业外收入”或“其他业务收入”，或将盘盈盘亏与物资储备中发生的非常损失或溢出金额相互冲销，不转出其相应的“进项税额”，以增加增值税的抵扣数。

（2）问题分析。上述例题中的行为是“盘盈盘亏不作账务处理”的舞弊形式。将盘盈材料计入“营业外收入”或“其他业务收入”，或直接用盘盈盘亏的存货抵消非常损失，导致进项税额无法转出，虚增了增值税的抵扣额。因此，为防范会计核算中出现此类舞弊现象，审计人员应在年终时，对各种材料进行实地盘点，并将实存数量与账面数量核对，对于材料盘盈、盘亏应查明原因，按照规定进行转账处理。

例题七：（1）资料概述。审计人员在审查某企业银行存款日记账时，发现有一笔退回业务，其“银行存款”对应的科目是“应付账款”和“原材料”，审计人员觉得有误，进行进一步调查。调阅该业务的记账凭证，会计分录如下：

借：银行存款　　　　234 000

　贷：应付账款　　　　34 000

　　　原材料　　　　　200 000

所附原始凭证为一张银行收款通知单及一张红字发票。审计人员检查了“应交税费——应交增值税”的明细账，并没有发现有增值税减少的进项税额的记录。但是当月计算缴纳增值税时却进行了抵扣，后经询问当事人，确定将退回的增值税进项税额反映在了“应付账款”账户。

（2）问题分析。被查企业为了达到多抵扣、少缴增值税的目的，有意将已回收的“进项税额”反映在往来账中，而不是红字冲销“应交税费——应交增值税（进项税额）”账户，使得本期少缴增值税 34 000 元。

（3）调账处理。被查企业应做如下调整分录：

借：应付账款　　　　　　　　　　　　　　34 000

　贷：应交税费——应交增值税（进项税额）　　34 000

例题八：（1）资料概述。某审计人员在 2012 年税收财务大检查中，发现某五金厂 2012 年上半年和下半年对存货成本采用了不同的计价方法，上半年产成品的存货成本采用移动加权平均法，销售实现后，按账面存货成本结转产品销售成本。但是从 2012 年 7 月开始，在未经税务机关批准的情况下，擅自改变存货计价方法，而采用了后进先出法，致使 2012 年产品销售成本上升了将近 400 万元，企业该年度的应纳税所得额也相应减少了 400 万元，少缴企业所得税 132 万元。

（2）问题分析。上述例题中的行为是“随意变更计价方法”的舞弊形式。根据会计制度规定，企业可以根据自身的需要选用存货计价方法，但选用的方法一经确定，则年度内不能随意变更，如确实需要变更，必须在会计报表中说明变更原因及其对财务状况的影响。因此，为防范会计核算中出现此类舞弊现象，审计人员应审查相关种类的存货采用的计价方法是否合理恰当，年度内有无任意改变计价方法的现象。

例题九：（1）资料概述。在实际工作中，经常存在虚增虚减存货数量假账的问题，有些企业为了应付审计或检查，往往通过操纵存货盘点来掩盖账实不符。如临时向同行借入商品，以虚增存货价值，转移商品以虚减存货价值，伪造提货单以掩盖已被盗卖的商品，以货到票未到的商品抵作被挪用的商品等，假如有这样的情况发生，会造成企业销售业务混乱，收入确认不明确，不利于公司财务管理。

（2）问题分析。上述例题中的行为属于通过“操纵存货盘点，掩盖存货问题”的舞弊形式。人为虚增虚减存货数量，来掩盖账实不符，进而应付审计人员的检查，因此，此类舞弊现象的审查方法是，审计人员应将存货账簿上记录的结存数与存货的实际库存数进行核对，查看账实是否相符，并采用监盘方法对存货进行实地盘点，查看实存数与账存数是否一致等。

例题十：（1）资料概述。某企业车间领料员、成本核算员与仓库保管员，共谋贪污盗窃电器材料，由领料员填写领料单，不经车间领导审批，直接到仓库领料，仓库保管员不按发料要求进行审核，即签字发料，随后合伙将材料偷运出厂，在账务处理时，只依据领料单作借记“生产成本”“制造费用”科目，贷记“内部往来”科目的账务处理，而漏掉了材料入库和出库的核算程序。

（2）问题分析。上述例题中的行为属于“监守自盗，虚报损失”的舞弊形式，保管人员利用职务之便，勾结车间人员涂改账目盗窃财物，转移出售、贪污私分，将所窃物资成本通过隐蔽手法，计入正常领料发料业务之中，因此，为防范会计核算中出现此类舞弊现象，审计人员应将存货明细账与会计凭证，总分类账核对，看记载的内容、数量、金额是否一致，并抽查存货盘点制度，查看有无对存货进行定期盘点，以确保存货的安全、完整。

例题十一：（1）资料概述。审计人员在审查某企业的“库存商品——A商品”明细账时，发现摘要中注明领用A商品50 000元（该商品的公允价值为60 000元）。审计人员对该业务的有关记账凭证进行了调查，其会计分录如下：

借：销售费用　　　　50 000

　　贷：库存商品　　　　50 000

根据该业务，审计人员判断是内部用自己生产的库存商品，可是却没有看到相应收入和相关税费的处理，于是决定进一步调查。该业务属于原始凭证为一张企业内部商品的报销单，于是又审查了“应交税费——应交增值税”明细账，没有发现相应的账务处理，后经过调查，该领导承认此商品作为福利发给了职工。

（2）问题分析。按照相关准则规定，假设企业以其生产的产品作为非货币性福利提供给职工的，应当按照该产品的公允价值和相关税费，计量应计入成本费用的职工薪酬金额，并确认为主营业务收入，其销售成本的结转和相关税费的处理与正常商品销售相同。该企业把应在职工薪酬开支的福利费以“销售费用”列支，也未确认收入，虚减当期利润，少交所得税和增值税。

（3）调账处理。经调查，企业做调账分录如下：

借：应付职工薪酬　　　　70 200

　　贷：主营业务收入　　　　60 000

　　　　应交税费——应交增值税（销项税额）10 200

借：主营业务成本　　　　50 000

　　贷：销售费用　　　　50 000

例题十二：（1）资料概述。审计人员在年底对某企业的原材料进行审查，发现原材料——甲只有购入金额，一次性购入 100 吨，单价为 1.2 万元，共计 120 万元，只出库一次 10 吨，金额 12 万元，之后再没有任何动态，审计人员觉得有些奇怪。审计人员对该种原材料进行盘点，发现库存数与账面数相符，通过询问得出结论，是由于雨季库房漏雨将该批原材料淋湿导致不能生产出合格的产品，故没有再用。

（2）问题分析。经过审计人员调查相关的利润表，明白为什么本该报损的原材料没有处理。原因是企业每月都处于微利状态，如果将该笔原材料报损，就会导致该企业亏损，企业领导会受到重罚。通过调查该企业的利润应重新核实为亏损 108 万元，并对企业领导处罚 2 000 元，从工资中扣除。

（3）调账处理。经过调查，该企业应做调账分录如下：

借：其他应收款　　　　　2 000
　　贷：营业外收入　　　　　2 000

同时将该企业利润调整为：

借：本年利润　　　　1 080 000
　　贷：原材料　　　　1 080 000

例题十三：（1）资料概述。审计人员在某企业 2011 年存货清查记录进行查阅时，发现该企业 2011 年 12 月在进行年终存货盘点时，盘盈的原材料原因不明，企业在年末结账前尚未对此事项进行会计处理。审计人员检查“原材料”明细账，“存货清查盘点报告”等相关资料后核实，公司 A 材料盘盈 2 000元，为计量器具不准所致，但 12 月 1 日，“待处理财产损益”账户摘要未注明盘盈原因，查阅该业务的记账凭证，会计分录如下：

借：原材料——A 材料　　　　　　　　　　　2 000
　　贷：待处理财产损益——待处理流动资产损益　　2 000

（2）问题分析。该公司违反了会计准则，未及时处理“待处理财产损益”，未将盘盈的收益转“营业外收入”，导致虚减企业当期利润，漏交所得税。

（3）调账分析。企业应及时对盘盈资产进行处理，将“待处理财产损益”科目的贷方余额转入“营业外收入”。假设当年盘盈清楚，做调整分录如下：

借：待处理财产损益——待处理流动资产损益　　2 000
　　贷：营业外收入　　　　　　　　　　　　　2 000

第十节　固定资产的审计

一、固定资产

固定资产是指企业为生产产品、提供劳务、出租或者经营管理而持有的、使用时间超过一个会计年度，价值达到一定标准的非货币性资产，包括房屋、建筑物、机器、机械、运输工具以及其他与生产经营活动有关的设备、器具、工具等。固定资产是企业的劳动手段，也是企业赖以生产经营的主要资产。从会计的角度划分，固定资产一般被分为生产用固定资产、非生产用固定资产、租出固定资产、未使用固定资产、不需用固定资产、融资租赁固定资产、接受捐赠固定资产等。

二、固定资产的舞弊形式

固定资产的取得、折旧、减值和处置等账务将直接关系到企业资产负债表及利润表的信息质量。因此，需要关注固定资产出现的舞弊情况。常见的固定资产舞弊形式主要有五大类，具体如表 2-21 所示。

表 2-21　固定资产的舞弊形式

舞弊形式	具体表现
固定资产构成管理舞弊	◇有些企业将属于低值易耗品的物品列作固定资产，有的则将属于固定资产物品列作低值易耗品，造成核算上的混淆不清。 ◇为增加成本、费用，有些企业将符合固定资产的物品列入低值易耗品，一次或分次摊销。 ◇为减少当前成本、费用，将符合低值易耗品标准的物品划入固定资产进行管理，延缓摊销速度。
固定资产分类管理舞弊	◇将未使用固定资产划入生产经营用的固定资产中，会增加当期的折旧费用，使生产费用上升，将导致固定资产内部结构发生变化，虚增固定资产使用率，给信息使用者造成假象，使管理者做出错误决策。 ◇企业将采用经营租赁方式租入的固定资产与采用融资租赁方式租入的固定资产混为一谈，以达到降低或提高折旧费用，从而人为调整财务成果的目的。 ◇与房屋、建筑物价值有关的因征地支付的补偿费，应计而不计入房屋、建筑物价值，而将其单独作为土地入账，便降低了固定资产的原始价值，造成了固定资产的分类混乱。

续表

舞弊形式	具体表现
固定资产计价管理舞弊	◇企业财务制度规定：新增加固定资产有原始价值的应按原始价值入账；无法确定原始价值的，按重置价值入账。有些企业却不按上述规定采用正确的计价方法，从而影响了当期其他的成本费用，使固定资产在有效期内的折旧产生差错，最后导致决策失误。 ◇企业在固定资产价值构成方面发生的问题主要是任意变动固定资产价值所包括的范围。有些企业不按规定，在购入固定资产时，将与购入该固定资产无关的费用计入固定资产价值的支出，造成固定资产价值虚增或虚减。 ◇有些企业不顾国家规定，任意调整、变动已入账的固定资产的账面价值。
固定资产增减业务舞弊	◇购入固定资产质次价高，采购人员捞取回扣。 ◇运杂费张冠李戴、人为调节安装成本。 ◇接受贿赂，虚计固定资产重估价值，固定资产出租收入，虚挂往来账。 ◇固定资产变价收入，存入小金库，清理固定资产净收益，不按营业外收入记账。 ◇融资租入的财务费用，计入固定资产价值，固定资产盈亏不做账务处理。 ◇随意改变折旧方法、折旧率，调节折旧计提数额。
固定资产折旧舞弊	◇未按规定范畴计提折旧；未按规定选用折旧方法；未按规定确定折旧年限；折旧方法与折旧年限随意变动；固定资产净残值预计不符合规定；月折旧额计算不真实、不正确。

三、固定资产舞弊的审查方法

针对上述固定资产出现的舞弊现象，我们总结了四种审查方法，具体如表 2-22 所示。

表 2-22　固定资产舞弊的审查方法

审查方法	具体说明
固定资产一般管理审查	◇审阅固定资产明细账。 ◇审阅固定资产总账、卡片和登记簿。 ◇审阅设有对方科目栏的固定资产明细账。 ◇审阅与反映固定资产增减业务有关的总账等会计资料。

续表

审查方法	具体说明
固定资产增加业务的审查	◇审查固定资产增加的合法性、合理性。 ◇对购进的固定资产，应重点审查购进有无计划及其审批手续，购进数量和质量是否符合购进计划要求，购进固定资产的计价等方法是否正确。 ◇对建造的固定资产，应分建造前期、施工、建筑完工交付使用三个时期进行审查。 ◇审查以投资形式转入、盘盈增加的固定资产。
固定资产减少业务的审查	◇审查报废清理的固定资产。 ◇审查调出和投出的固定资产。 ◇审查盘亏和毁损的固定资产。
固定资产折旧业务的审查	◇核查企业属于应计提折旧的固定资产是否都提了折旧，有无漏计漏提，或不遵守计提范围，擅自多提或少提折旧。 ◇审查尚未提足折旧提前报废的固定资产和已提足折旧仍在使用的固定资产，是否按照规定计提了折旧或不计提折旧。 ◇审查增减固定资产折旧提取是否合理，即月内新投入使用的固定资产是否执行了当月不计提折旧，从下月起计提折旧的规定。 ◇审查固定资产折旧方法和折旧额，折旧方法主要包括年限平均法、工作量法、双倍余额递减法、年数总和法等。

四、例题分析

例题一：（1）资料概述。审计人员在审查光明有限公司时，发现2010年12月15日第94号凭证记载盘盈一台设备5 000元，但到2010年12月31日这笔盘盈设备仍然挂账，未做任何处理。审计人员怀疑光明公司未对盘点项目进行结转处理。

盘盈设备：

借：固定资产　　　　　5 000
　　贷：待处理财产损益　　　　5 000

（2）问题分析。审计人员分析，盘点应该对其盘盈或盘亏的原因进行相应说明，即使找不到原因，也应该在事后尽快进行相关处理，尤其是应该在月末进行相关的批准。经审计人员调查，此次盘盈固定资产是由于当时的保管员管理疏忽造成的。

光明公司违反相关规定，未及时将盘盈的资产进行处理，导致公司虚减当期利润，漏交所得税。

（3）调账处理。调整分录：

借：待处理财产损益——待处理非流动资产损益　5 000
　　贷：营业外收入　5 000

例题二：（1）资料概述。审计人员在审查北京 ABC 有限公司“固定资产”明细账时，发现 2010 年 10 月 1 日第 88 号凭证购入一台价值 25 万元的设备，增值税额为 4. 25 万元，另外记录发生 5 900 元的“管理费用”，后附有增值税发票、运输发票、装卸费、安装费发票，以及银行转账支票存根。审计人员怀疑光明公司将购进过程中的各种费用计入当期损益。

2010 年 10 月 1 日，第 88 号凭证：

购入设备：

借：固定资产——A 设备　250 000
　　应交税费——应交增值税（进项税额）　42 500
　　管理费用　5 900
　　贷：银行存款　298 400

（2）问题分析。审计人员分析，固定资产购进过程中发生的各种费用，都应计入固定资产的成本中去。从原始凭证可以看出，固定资产在购入时发生的运输费、装卸费、安装费 5 900 元并没有计入固定资产的成本中，而是计入管理费用。很明显，这是错误的账务处理。由于公司对该项业务的错误记账，导致其本年多计 5 900 元，虚减本年的利润。

（3）调账处理。

借：固定资产　5 900
　　贷：管理费用　5 900

例题三：（1）资料概述。审计人员在审查北京 ABC 有限公司“固定资产”明细账时，发现2010年12月25日第109号凭证摘要记账“收到房屋租金”30万元，计入到了“其他应付款”，同时在2010年12月30日第121号凭证记载“计提房屋折旧”6万元，以及122号凭证记载本年用于该房屋的维修费1.2万元，ABC有限公司将其全部计入管理费用，审计人员认为该笔业务存在错误。

2010年12月25日，第109号凭证：

收到房屋租金：

借：银行存款　　300 000
　　贷：其他应付款　　300 000

2010年12月30日，第121号凭证：

计提房屋折旧：

借：管理费用　　60 000
　　贷：累计折旧　　60 000

2010年12月30日，第122号凭证：

支付房屋维修费：

借：管理费用　　12 000
　　贷：银行存款　　12 000

（2）问题分析。审计人员分析，房屋出租的租金收入应该计入“其他业务收入”，相关费用支出计入在“其他业务成本”。ABC有限公司将租金收入计入“其他应付款”，导致ABC有限公司的租金收入长期挂账，隐瞒收入，少交税金，虚减利润。询问会计，其承认受公司领导的“委托”，为偷逃本年的税费，领导让会计将本年收到的租金收入计入“其他应付款”，这属于故意用错误的账务处理，以偷逃税金的行为。

为了偷逃2010年度的税款，公司领导不顾法律法规，虚挂往来账，隐瞒收入，偷逃营业税和所得税。

（3）调账处理。

借：其他应付款　　　　300 000
　　贷：其他业务收入　　300 000
借：其他业务成本　72 000
　　贷：管理费用　　　72 000

例题四：（1）资料概述。审计人员在审查北京 ABC 有限公司“固定资产”明细账时，发现 2010 年 7 月 31 日第 77 号凭证处置一台提前报废的固定资产价值 10 万元，其“营业外支出”金额高达 8 万元。由此可知，该固定资产一定很新，同时该凭证没有附任何原始凭证，审计人员怀疑其中有挪用公共财物的行为。

2010 年 7 月 31 日，处置固定资产：

借：营业外支出——非常损失　　80 000
　　累计折旧　　　　　　　　　20 000
　　贷：固定资产　　　　　　　　100 000

（2）问题分析。审计人员分析，固定资产净值占原值的 80%，说明其使用的年限还很短，应该还很新。审计人员进一步查看该固定资产的卡片，发现该项固定资产仅仅使用了 14 个月，在之后也未发生重大自然灾害。因此，审计人员询问会计王丽，在事实面前，其承认了自己私自将该固定资产变卖，受利益所驱，将 8 万元收入私囊。王丽的行为属于严重违法违纪行为，鉴于其认罪态度好，并及时将赃款归还，对其处以 2 000 元罚款。

（3）调账处理。合并分录调账：

借：银行存款　　　　82 000
　　贷：营业外支出　　80 000
　　　　营业外收入　　　2 000

例题五：（1）资料概述。审计人员在审查北京 ABC 有限公司“管理费用”明细账时，发现分别在 2010 年 9 月 1 日第 77 号凭证、9 月 5 日第 79 号凭证、9 月 16 号第 84 号凭证记载“支付汽车修理费”2 000 元、5 000 元、

6 000元，均是北京时代汽车服务公司。同一性质的业务，支付方又是同一个单位，支付金额的时间这么集中。同时，84 号凭证的修理费没有北京时代汽车服务公司开具的发票，第 84 号凭证也只附有一张转账支票的存根，因此，审计人员决定进一步追查下去。

2010 年 9 月 1 日，第 77 号凭证：

支付汽车修理费：

借：管理费用——修理费　　2 000

　　贷：库存现金　　　　　　2 000

2010 年 9 月 5 日，第 79 号凭证：

支付汽车修理费：

借：管理费用——修理费　　5 000

　　贷：库存现金　　　　　　5 000

2010 年 9 月 16 日，第 84 号凭证：

支付汽车修理费：

借：管理费用——修理费　　6 000

　　贷：银行存款　　　　　　6 000

（2）问题分析。审计人员分析，对于一般的修理费，都应该有公司开的修理专用发票，但第 84 号凭证没有。同时，这三次汽车修理费发生的时间这么紧凑，审计人员需要进一步调查。首先，审计人员调查了 ABC 有限公司的“固定资产维修表”，发现有第 77 号、第 79 号凭证两项业务，但却没有找到第 84 号凭证所列项目。审计人员进一步电函北京时代汽车服务公司，其证实只开了 9 月 1 日和 9 月 5 日的发票，9 月 16 日并未收到光明公司的价款。在掌握了上述事实后，审计人员询问会计，其承认第 84 号凭证为虚假业务，他通过一张假转账发票，将 6 000 元装入私囊。ABC 公司会计利用职务之便，利用汽车维修费用，非法套取现金，严重违反了相关法律法规。鉴于其认罪态度好，同时还及时将赃款交回公司，审计人员决定对其处以 1 000 元罚款。

（3）调账处理。调整账簿：

收回赃款：

借：库存现金　　　　　　　　6 000

　　贷：管理费用——修理费　　6 000

收到罚款：

借：库存现金　　1 000

　　贷：营业外收入　　1 000

例题六：（1）资料概述。审计人员在审查北京 ABC 有限公司“固定资产”明细账时，发现 2010 年 1 月 1 日第 6 号凭证摘要载明“接受捐赠”一台 H 设备，经 ABC 有限公司和泰达公司评估协商，该台固定资产价值 6 万元，预计使用 5 年，预计净残值为 0。ABC 有限公司于 2010 年 12 月 31 号第 123 号凭证将其出售，出售所得为 4 万元，审计人员认为公司处理不当。

2010 年 1 月 1 日第 6 号凭证，接受捐赠固定资产：

借：固定资产——H 设备　　60 000

　　贷：资本公积——接受捐赠　60 000

2010 年 12 月 31 日，出售固定资产，第 123，1/3 号凭证：

借：固定资产清理　　　　48 000

　　累计折旧　　　　　　12 000

　　贷：固定资产——H 设备　60 000

收到固定资产价款，第 123，2/3 号凭证：

借：银行存款　　　　40 000

　　贷：固定资产清理　　40 000

确认固定资产损失，第 123，2/3 号凭证：

借：营业外支出　　　　8 000

贷：固定资产清理　　8 000

（2）问题分析。审计人员分析，ABC 公司接受捐赠，增加营业外收入，同时在出售固定资产时应缴纳所得税。由于 ABC 公司会计人员对业务不熟练，导致会计处理错误。

（3）调账处理。调整账簿：

借：资本公积——接受捐赠非现金资产准备　　60 000
　　贷：营业外收入　　60 000

补交所得税：

借：所得税费用　　15 000
　　贷：应交税费——应交所得税　　15 000

结转本年利润：

借：本年利润　　45 000
　　贷：利润分配——未分配利润　　45000

例题七：（1）资料概述。审计人员在审查北京 ABC 有限公司“累计折旧”明细账时，发现固定资产中有 3 台 J 设备用于出租，原值为 50 万元，已使用 2 年。预计使用年限为 10 年，累计计提折旧 10 万元，从 2010 年 1 月 1 日第 3 号凭证收到本年的租金开始，到 2010 年 12 月 31 日 ABC 公司都未对这 3 台 J 设备计提折旧。

2010 年 1 月 1 日，第 3 号凭证，收到租金：

借：银行存款　　50 000
　　贷：其他业务收入——租金　　50 000

（2）问题分析。审计人员分析，企业经营出租的固定资产属于企业的资产，应照旧计提折旧。审计人员询问会计人员，其承认由于害怕本年的利润完不成，领导“特批准”其这么做，以虚增利润。公司领导对此供认不讳。公司领导为粉饰业绩，故意少计提折旧，虚增公司的本年利润，ABC 公司应计提本年折旧5万元。

（3）调账处理。

补提折旧：借：其他业务成本　　　　50 000
　　　　　　贷：累计折旧　　　　　　50 000

例题八：（1）资料概述。审计人员在审查北京光明有限公司“累计折旧”明细账时，发现2010年11月的累计折旧比前几个月的折旧数额普遍减少。审计人员将本月和10月的“固定资产折旧计算表”进行比较发现，有1间厂房和3台J设备没有计提折旧。

（2）问题分析。审计人员分析，本月没有发生什么自然灾害，但光明公司却在11月减少了两个大件的折旧计提，询问会计，会计解释说厂房这个月未使用。J设备也因为淡季销量低而暂时性停产，因此都未计提折旧。根据相关规定，房屋等建筑物无论是否使用，均应计提折旧；而对于季节性停用的机器设备也应该计提折旧。因此，光明公司的会计处理是错误的，需要对其进一步审查。

经审计人员进一步询问，会计人员承认，公司为防止12月销量降低，达不到最终的利润目标，因此，领导要求会计人员少计提折旧11.5万元，以虚增利润。

（3）调账处理。调整账簿：

补提折旧：　借：管理费用　　　　115 000
　　　　　　　贷：累计折旧　　　　115 000

例题九：（1）资料概述。审计人员在审查北京ABC有限公司“累计折旧”明细账时，发现2010年5月31日第50号凭证摘要“计提折旧”L设备0.2万元。但后附的“固定资产折旧计算表”却显示该设备折旧已经提足。审计人员怀疑公司虚增费用，偷逃所得税。

2010年5月31日，第50号凭证：

计提L设备折旧：借：制造费用　　　　2 000
　　　　　　　　　贷：累计折旧　　　　2 000

（2）问题分析。审计人员分析，L 设备折旧已经提足，按照规定对超龄使用的固定资产不得再计提折旧。公司多计提折旧 2 000 元，应将其冲减。公司领导为到年底少缴纳税金，特提高折旧费用，以降低利润，少缴纳所得税，达到偷税漏税的目的，公司领导对此供认不讳。

（3）调账处理。（假如审计人员在 2010 年 12 月 31 日结账前发现该问题，做相关调账处理）

冲减折旧：　　借：累计折旧　　　　　　2 000

　　　　　　　　贷：制造费用　　　　　　2 000

例题十：（1）资料概述。审计人员在审查北京 ABC 有限公司“累计折旧”明细账时，发现 2010 年 3 月 16 日第 35 号凭证摘要“购入轿车”一辆 49.5 万元，预计净残值为 1.5 万元，预计使用年限为 4 年。到 2010 年 12 月 31 日第 122 号凭证计提折旧为 9 万元。（注：相关法律规定，汽车的折旧年限不得少于 5 年）。

2010 年 3 月 16 日，购入轿车，第 35 号凭证：

借：固定资产　　　　495 000

　贷：银行存款　　　　495 000

（2）问题分析。审计人员分析，根据会计相关法律法规的规定，汽车的预计使用年限不得低于 5 年，如果按最少的 5 年计算，则年末应计折旧额为 72 000 元。（495 000−15 000）÷5＝96 000，96 000÷12×9＝72 000。

ABC 有限公司为偷逃税款，因此多计提费用，多计提了 1.8 万元折旧，虚减利润，从而偷逃税款，公司会计主管对此供认不讳。

（3）调账处理。调整账簿：

借：累计折旧　　　　18 000

　贷：管理费用　　　　18 000

例题十一：（1）资料概述。审计人员对某企业 2013 年 12 月份固定资产进行审查时发现下列情况：本月份购入设备一台，买价 50 000 元，运杂费 2 000元，设备安装费 1 120 元，增值税 8 500 元，企业除将买入价计入固定资产外，其余所支付的款项均计入管理费用；企业接受捐赠设备一台，该设备原值为62 000元，企业计入“营业外收入”账户；企业11月份以一台设备对外投资，该设备的原值为300 000元，已提折旧54 000元，设备折旧率为9%，企业12月份仍对该设备计提折旧。

（2）问题分析。购入设备所支付的增值税、运杂费、设备安装费，都属于购入固定资产的成本，不应该计入管理费用科目。

（3）调账处理。调整后会计分录如下：

借：固定资产——设备　　11 620

　　贷：管理费用　　　　11 620

企业接受捐赠设备应该计入“资本公积”账户，调整后会计分录如下：

借：营业外收入　　62 000

　　贷：资本公积　　　62 000

按会计制度规定，本月减少的固定资产在本月照提折旧，从下月起不再计提折旧。11月对外投资转出的设备，12月起不再计提折旧，应将12月份已提设备折旧冲减。

例题十二：（1）资料概述。2014年1月10日，审计人员审阅某单位去年8月份固定资产明细账时，发现有一笔增加业务，为该单位购入A生产设备一台，买入价为400 000元，所做的会计处理如下：

借：固定资产——A生产设备　　400 000

　　贷：银行存款　　　　　　　400 000

（2）问题分析。上述例题中的行为属于“任意缩小固定资产计价范围”的舞弊形式。根据调查，A设备于去年8月份投入使用（假设预计净残值为0，采用直线法计提折旧，年折旧率为10%）。审计人员审查后发现，该设备从外地运来，却没有运杂费，另外，按常理该设备必须经过安装并调试后，才能投入生产使用，但是没有安装、调试费。于是怀疑这两项费用被计入期间费用。因此，审计人员审阅了8月份销售费用、管理费用明细账的有关支出记录，没有发现相关项目，向前期追查，审阅了7月份销售费用、管理费用明细账及有关凭证，发现有一笔支出，摘要为“付某安装公司运杂费、安装费”。

借：销售费用 20 000
　　管理费用 30 000
　　贷：银行存款 50 000

当与相关原始凭证核对，发现某安装公司的发票；注明为某专用生产设备安装调试费20 000元，运杂费30 000元；另有一张原始凭证为金额50 000元的转账支票存根，与以上记录吻合。

（3）调账处理。审计人员查出其计价错误，将本应该计入固定资产原值的项目，计入期间费用。由于计价错误，使固定资产原值减少，进而影响折旧和本年度损益，以及资产负债表中的资产项目。

借：固定资产——A生产设备 50 000
　　贷：银行存款 50 000

例题十三：（1）资料概述。审计人员在2014年2月份对某公司审计时发现生产设备类固定资产的折旧费增加过快。审计人员调阅了固定资产卡片，了解到生产设备类共计400 000元。属于2012年12月10日投入使用。有关的会计资料显示，这400 000元生产设备扣除5%的净残值后，按8年的折旧年限，采用平均年限法计提折旧，每月折旧额为3 959元。

（2）问题分析。根据有关会计制度规定：对生产设备计提折旧的最短年限为10年。而这价值400 000元的设备折旧年限只有8年，因此折旧计提错误。上述例题中的行为属于“未按规定折旧年限计提折旧”的舞弊形式。

（3）调账处理。对于这类错误，首先按照财务会计制度规定，确定生产设备的折旧年限为10年；其次审阅相关的会计资料，查明单位对该设备按多少年计提折旧，8年不符合有关规定；最后采用复算法，按最短折旧年限，该设备折旧额为：（400 000−5%×400 000）÷10÷12＝3 167（元），每月多计提折旧792元，2013年多计提9 504元。

由于设备在2012年12月投入使用，应从2013年1月开始计提折旧，已计提折旧13个月。对于2013年多提的折旧，应通过以前年度损益调整科目处理，其会计分录如下：

借：累计折旧　　　　　　　9 504
　　贷：以前年度损益调整　　　9 504

例题十四：（1）资料概述。审计人员于2013年底审查某企业自建的一幢办公楼时，发现其实际投资额与现实情况不符，怀疑可能有将工程支出计入生产成本和费用的情况。审计人员审查了当年的产品成本，发现其产品1月份单位成本水平高于以往任何时期，且同时期的管理费用也高于正常情况。审计人员详细审阅了该时期的生产领料单，发现领料单中所载材料80箱，总额200万元，是该工程急需用材，并非生产所用。另外，审计人员通过调查确定了在建工程管理人员名单，对照工资分配表中所列姓名，确认了在建工程人员的工资列入了当期管理费用，共计13万元。

（2）问题分析。由于在建工程账户核算该企业为工程多发生的实际支出，所以不论是工程用料，还是工程管理人员工资，都是企业在建工程所发生的支出，都应该通过在建工程核算。上述例题中的行为属于“混淆资本性支出和收益性支出界限”的舞弊形式。

（3）调账处理。应冲回多计的生产成本和费用，调整在建工程成本，调整后会计分录如下：

借：在建工程　　　　2 130 000
　　贷：库存商品　　　2 000 000
　　　　管理费用　　　130 000

同时相应调整企业所得税及盈余公积等项目。

例题十五：（1）资料概述。某企业2013年10月购进设备一台，价款470 000元，在购进过程中，发生运输费400元，装卸费250元，安装调试费700元，该企业对此业务做如下账务处理：

借：固定资产——生产用固定资产　　　470 000
　　贷：银行存款　　　　　　　　　　　470 000
借：管理费用　　　　　　　　　　1 350

贷：银行存款　　　　　　　　　　1 350

审计人员可以在审阅“固定资产”明细账反映固定资产增加的业务内容时，或在审阅核对反映固定资产增加业务的会计凭证时发现线索或疑点，然后进一步再审查、核对、复核有关会计资料基础上查证问题。

（2）问题分析。所发生的 1 350 元的运输费、装卸费和安装调试费用构成固定资产的价值，不应做管理费用列入当期损益中。

（3）此类问题查证后，应根据其具体形态做出正确的调整。

借：固定资产　　　1 350

贷：管理费用　1 350

例题十六：（1）资料概述。审计人员在对某商业企业 2011 年度原有固定资产与新增固定资产应计提的折旧额进行验证时发现，该企业全年计提的折旧额小于应计提折旧额，经逐月进行核对，发现 2011 年 10 月～12 月三个月计提的折旧额不足。该企业 2011 年 9 月融资租入制冷设备一台，此后固定资产无增减业务发生。审计人员调阅了 10～12 月计提折旧的 3 张转账凭证，检查凭证后附“固定资产折旧计算表”，经复算确认该项融资租入固定资产未提折旧，三个月少计提折旧 2 000 元。

（2）问题分析。审计人员向该会计主管人员提出此问题时，主管人员解释说是由于有关规定了解不够所造成的，后经进一步查实，证实是会计主管人员根据领导的授意，故意少计提折旧，减少本期费用，同时，也可以多领奖金。

（3）调账分录。若该问题在当年查清，做调账分录如下：

借：管理费用——折旧费　　　2 000

贷：累计折旧　　　　　　　　2 000

若该问题在结清 2011 年度的账目之后被查出，则做调账分录如下：

借：以前年度损益调整　　　2 000

贷：累计折旧　　　　　　　2 000

例题十七：（1）资料概述。审计人员在对某企业查账时发现，该企业发生的一项固定资产提前报废业务，但对此项业务仅仅在2011年7月份作一记账凭证，会计分录为：

借：营业外支出——非常损失　　8 000
　　累计折旧　　　　　　　　2 000
　　贷：固定资产　　　　　　　　10 000

以上凭证可以看出，该项固定资产的净值占原值比例高达80%，说明使用期限未满却提前报废。审计人员调阅了该项固定资产卡片，发现该项固定资产仅仅使用2年多，并没有大的维修记录，这说明其仍处于完好状态。审计人员反复与该企业财务主管及该项固定资产使用保管有关人员交谈，得知该项业务是虚报固定资产毁损，实则将其变卖，所得款项部分被有关人员私分，部分作为福利发给了企业职工。

（2）问题分析。该企业违反了会计准则规定，虚报固定资产毁损，实则变卖资产，私分变卖收入，发放奖金，应予以追回。

（3）调账处理。该固定资产已经被变卖，对于变卖所得款应予以追回：

借：其他应收款　　8 000
　　贷：营业外支出——非常损失　　8 000

例题十八：（1）资料概述。在审阅某企业2011年9月份固定资产明细账时，发现有一笔增加业务，为该单位购入专用生产设备一台，买价400 000元，所做的会计处理为：

借：固定资产——专用设备　　400 000
　　贷：银行存款　　　　　　　400 000

专用设备于该年8月份投入使用（假设预计净残值为0，采用直线法计提折旧，年折旧率10%）。审计人员审阅了8月份销售费用、管理费用明细账的有关支出记录，没有发现相关项目，向前期追查，审阅了7月份销售费用、管理费用明细账及有关凭证，发现有一笔支出，摘要为“付安装公司运杂费、安装费”。

借：销售费用　　　30 000
　　管理费用　　　20 000
　　贷：银行存款　　　50000

与有关的原始凭证核对，发现某安装公司的发票，注明为某专用生产设备安装调试费 30 000 元，运杂费 20 000 元，另有一张原始凭证为金额 50 000 元的转账支票存根，与以上记录吻合。

（2）问题分析。本例属于计价错误，将本应计入固定资产原值的项目，计入期间费用。由于计价错误，使固定资产原值虚减。进而影响折旧和本年度损益以及资产负债表中的资产项目。

（3）应先计算补提的折旧数。因设备原值少计 50 000 元，对这部分价值也应计提折旧，该设备于 9 月份投入使用，但当月不提折旧，从 10 月份开始计提，共计 3 个月。应补提折旧数＝（50 000×10%÷12）×3＝1 250 元

调整分录：

借：固定资产　　　　　　50 000
　　贷：累计折旧　　　　　　1 250
　　以前年度损益调整　　　　48 750

调整资产负债表固定资产项目：固定资产原值增加 50 000 元。累计折旧增加 1 250 元，并相应调整所得税费用及盈余公积等项目。

例题十九：（1）资料概述。审计人员在 2011 年 2 月对某公司审计时发现该公司生产设备类固定资产的折旧费用增长过快，于是调阅了这类固定资产卡片，了解到生产设备类有 400 000 元，于 2009 年 12 月 10 日投入使用。有关的会计资料显示：这 400 000 元生产设备扣除 4%的净产值后，按 8 年的折旧年限，采用平均年限法计提折旧，每年折旧额 4 000 元。首先对照财务会计制度规定，确定生产设备的折旧年限为 10 年；其次审阅相关的会计资料，查明被查单位对该设备按多少年计提折旧，本例为 8 年，不符合有关规定；最后采用复算法，按最短折旧年限，该设备月折旧额为：（400 000－4%×400 000）÷10÷12＝3 200 元，每月多计提折旧 800 元，2010 年多计提 9 600 元。

（2）问题分析。根据有关会计制度规定：对生产设备计提折旧的最短平均年限为 10 年。而这价值 400 000 元的设备折旧年限只有 8 年，由此折旧年

限计提的折旧肯定错误。

（3）调账处理。由于设备2009年12月投入使用，应从2010年1月开始计提折旧，已提折旧13个月。对于2010年多提的折旧，应通过“以前年度损益调整”科目来处理，其分录如下：

借：累计折旧　　　　　　　9600
　　贷：以前年度损益调整　　　　9600

对于2011年1月多计提的折旧，则直接冲减本年度费用，分录为：

借：累计折旧　　　　800
　　贷：制造费用　　　800

例题二十：（1）资料概述。审计人员对某企业2011年固定资产应计提的折旧额进行验证时，发现该企业全年计提的折旧额大于应计折旧额，决定进一步查证。调阅1~12月计提折旧的记账凭证及所附“固定资产折旧计算表”发现企业管理部门和销售部门使用的固定资产采用双倍余额递减法计提折旧，数额为9 000元，而其他部门使用的固定资产均采用平均年限法计提折旧。进一步核算后，确认多计提折旧4 000元，其中：管理部门2 500元，销售部门1 500元。

（2）问题分析。该企业违反规定，采用双倍余额递减法计提折旧，导致虚增费用，从而虚减利润，少交所得税。

（3）调账处理。该业务在当年年终决算前发现，应做调账分录如下：

借：累计折旧　　　　4 000
　　贷：管理费用　　　　2 500
　　　　销售费用　　　　1 500

例题二十一：（1）资料概述。审计人员在审查某公司2011年账目时，发现该企业“固定资产清理”账户数额为负数。检查有关账簿、凭证资料获知，2011年10月，该公司出卖机器设备一套，该机器设备账目原始为200 000元，已提折旧为70 000元；报废时的残值变价收入为140 000元，已存入银行；清理过程中发生的清理费用为4 030元，以银行存款支付，会计分录为：

借：固定资产清理　　134 030
　　累计折旧　　70 000
　　贷：固定资产　　200 000
　　　　银行存款　　4 030
借：银行存款　　140 000
　　贷：固定资产清理　　140 000

（2）问题分析。该公司为了利润增长数额，没有将清理固定资产的净收益结转至“营业外收入”收入账户，而是仍保留在固定资产清理账户内，结转到下年度处理，违反了会计准则的规定，导致虚减了当期利润，漏交了所得税。

（3）调账处理。

借：固定资产清理　　5 970
　　贷：以前年度损益调整　　5 970

所得税税率25%

借：以前年度损益调整　　1 492.50
　　贷：应交税费——应交所得税　　1 492.50
借：以前年度损益调整　　4 477.50
　　贷：利润分配——未分配利润　4 477.50

按净利润的10%计提盈余公积，50%向投资者分配

借：利润分配——未分配利润　　2 686.50
　　贷：盈余公积——未分配利润　　447.75
　　　　应付股利　　2 238.75

例题二十二：（1）资料概述。审计人员在对某公司2011年度的账面进行审阅时，发现在现金日记账中有一笔拆除某大型机器的劳务费800元，经过调查，有某领导批准的支付白条，但该业务在现金日记账和银行日记账中却没有相应的清理收入。审计人员调阅了有关账簿、记账凭证，发现该业务的

记账凭证摘要是“报废某大型机器设备”。会计分录为：

借：累计折旧　　　　　　　　　　　60 000
　　营业外收入　　　　　　　　　　40 000
　　贷：固定资产——某大型设备　　　　100 000

经调查取证，确认该设备尚未到使用年限，该公司以报废为名将其出售给另一个企业，收取款项 60 000 元，已存入银行，作为“小金库”。

（2）问题分析。该公司将尚未到使用年限的固定资产对外出售，出售收入存入小金库，违反了会计准则的规定，侵占了企业所有者权益。

（3）调账处理。若在当年查清，做调账分录如下：

借：银行存款　　　　　　60 000
　　贷：营业外收入　　　　59 200
　　　　现金　　　　　　　800

第十一节　无形资产的审计

一、无形资产

无形资产是指企业拥有或者控制的没有实物形态的可辨认非货币性资产。主要有专利权、商标权、商誉等。

二、无形资产的舞弊与审查方法

在实际工作中，无形资产业务的舞弊表现形式和审查方法如表 2-23 所示。

表 2-23　无形资产舞弊表现形式和审查方法

舞弊形式	具体表现	审查方法
无形资产的增加不真实、不合规	◇增加的无形资产没有合法证书。 ◇不具有法律证明文件。 ◇没有经过法定程序确认或者已超出了法定有效期等。	◇查明无形资产增加是否有合法的证明文件，如专利权证书、商标注册证书等。 ◇审查各种形式增加的无形资产是否办理了产权转让手续，如自行开发无形资产是否按法定程序申请，并取得合法证明文件。 ◇购入无形资产的发票有无伪造、篡改行为，与购入无形资产直接相关的费用是否计入无形资产价值。
无形资产的计价不正确、不合理	◇无形资产计价时没经过法定手续评估或确认，而是随意计价。 ◇不经法定程序，随意确定其价值，造成对无形资产的计价过高或过低现象。	◇审查各项支出是否真实、合规、正确，所列开支是否确为无形资产开发所发生的开支，有无将与无形资产开发无直接关系的费用列入无形资产等。 ◇查证企业商誉的作价入账是否只是在企业合并情况下发生，有无在正常的经营期内擅自将商誉作价入账。 ◇审查企业由法定评估部门出具的评估证书，从而查明企业有无未经法定评估而擅自对无形资产作价的行为。
无形资产转让或出售时会计处理不正确	◇在转让或出售时没有必要的授权，或其售价确定没有合法依据。 ◇没有按国家相关制度规定，在无形资产出售过程中将取得的价款与该无形资产账面价值差额计入当期损益。	◇审查企业无形资产明细账中减少的记录，然后查出对应原始凭证，了解出售行为是否在正常情况下发生，有无必要的批准手续，批准手续有无伪造行为。 ◇对于无形资产售价是否合理，可按计价原则进行审查、验证，必要时可向专家或专业评估机构申请帮助。 ◇对于无形资产价款是否及时收回，账务处理是否正确，可结合应收账款和收入的审查进行。 ◇无形资产转出的会计处理是否正确、合规，应审查其他业务收入、其他业务成本和长期投资账户明细账，查清有无乱列收入账户等问题。
无形资产摊销的会计处理不正确	◇摊销期限限定不合理。 ◇对已处理的摊销期限任意变动。 ◇摊销方法选择不正确。 ◇未将无形资产摊入管理费用。	◇收集有关无形资产的法规及其证书，如专利法、商标证明书等，了解被审查的无形资产有无法定使用年限。 ◇根据收集到的有关资料判断企业无形资产有效期限的确定是否正确合规。 ◇审查企业无形资产摊销是否按规定列入管理费用，有无与其他费用、开支，如销售费用、营业外支出、其他业务成本相互混淆的情况。

三、例题分析

例题一：（1）资料概述。某生产食品企业，在未与其他企业合并时，就对自己的商誉作价 90 万元，并进行如下账务处理：

借：无形资产——商誉　　900 000

　　贷：实收资本　　　　　900 000

（2）问题分析。上述例题中的行为属于“企业商誉作价入账不正确”的舞弊形式。因此，审计人员在审查无形资产账户时，需查证企业商誉的作价入账是否只是在企业合并情况下发生，有无在正常经营期内擅自将商誉作价入账的情况。

例题二：（1）资料概述。审计人员在审查北京 ABC 有限公司“无形资产”明细账时，发现 2010 年 6 月 12 日第 53 号凭证转让给 D 公司一项专利技术，取得转让收入 20 万元。但查看该凭证，发现 ABC 有限公司将收入计入“营业外收入”中，成本 12 万元计入“营业外支出”中。审计人员怀疑其有偷漏税的现象，因此进一步对其进行调查。

2010 年 6 月 12 日，第 53 1/2 号凭证，转让无形资产：

借：银行存款　　　　200 000

　　贷：营业外收入　　　200 000

第 53 2/2 号凭证，转让无形资产：

借：营业外支出　　　120 000

　　贷：无形资产　　　　120 000

（2）问题分析。审计人员分析，转让专利技术属于转让无形资产，企业应该通过“其他业务收入”科目进行核算，企业未通过该科目进行核算，而是通过“营业外收入”核算，企业这么做的目的是转移企业收入，偷逃营业税。经过审计人员询问，企业会计承认了会计主管和其私自将转让无形资产的收入计入“营业外收入”，以偷逃营业税，为了以后挪用公款之用。会计主管对其违纪行为供认不讳。

（3）调账处理。①假如审计人员是在 2010 年 12 月 31 日结账前发现该错误，做相关调账处理（假设转让无形资产应交营业税税率为 5%）

借：营业外收入 200 000
　　贷：其他业务收入 200 000
借：其他业务成本 130 000
　　贷：营业外支出 120 000
　　　　应交税费——应交营业税 10 000

②假如审计人员是在 2011 年 1 月 31 日发现该问题，做相关调账处理（假设转让无形资产应交营业税税率为 5%）

借：以前年度损益调整 10 000
　　贷：应交税费——应交营业税 10 000
借：应交税费——应交营业税 10 000
　　贷：银行存款 10 000

例题三：（1）资料概述。审计人员在审查北京 ABC 有限公司“无形资产”明细账时，发现该公司 2010 年 12 月 29 日第 101 号凭证记载有 200 万元商誉，该凭证无相关原始凭证，而商誉对于一般中小企业来说是很少发生的，审计人员决定对其进一步调查。

2010 年 12 月 29 日，101 号凭证，确认商誉：

借：无形资产——商誉 2 000 000
　　贷：实收资本 2 000 000

（2）问题分析。审计人员分析，商誉对于一般企业来说是需要很长时间才能形成起来的，并且一般只有企业间发生合并时才计价入账。就此，审计人员审查了 ABC 有限公司相关的账簿，并未发现 2010 年度有合并业务发生。审计人员进一步询问公司领导，其承认公司利用“商誉”虚增公司的无形资产。ABC 有限公司为了增加公司的资产，私自将实际未发生的商业业务计入“无形资产”，增加资本。

(3) 调账处理。

借：实收资本　　　　　　　2 000 000

　　贷：无形资产——商誉　　　2 000 000

第三章
负债类账户的审计

第一节　短期借款的审计

一、短期借款

短期借款是指企业为维持正常的生产经营所需的资金或为抵偿某项债务而向银行或其他金融机构等外单位借入的、还款期限在一年以下（含一年）的各种借款。短期借款主要有经营周转借款、临时借款、结算借款和专项储备款。

二、短期借款的舞弊形式

短期借款的舞弊形式通常表现为三种，具体如表 3-1 所示。

表 3-1　短期借款舞弊形式一览表

舞弊形式	具体表现
短期借款程序和手续不完备、不合规	◇在实际工作中，取得借款不经有权管理部门批准、签订借款合同条款不完备等，会导致借款失控，给企业带来损失。
短期借款未按规定用途使用	◇如将短期借款用于非规定用途的基建工程、职工福利设施、抵交税款以及发放职工工资等；将短期借款转借给其他企业以及个人，牟取高额利息收入；短期借款被内部不法分子用来牟利、营私舞弊、违法经营。
短期借款利息处理不合理	◇在实际中，有时会出现大额的短期借款利息也不预提，特别是对跨年度的短期借款利息更容易发生这种不正确的会计处理方法。

三、短期借款舞弊的审查方法

短期借款的舞弊审查应从四个方面进行。具体如图 3-2 所示。

表 3-2　短期借款舞弊的审查方法

1	◇查证其借款计划，并将有关内容同企业现金流量表或筹资计划书核对，以确定借款计划是否必需、合理。
2	◇查证借款企业的物资保证情况，分析企业的借款物资保证有无不足或多余情况，以确认是否存在短期借款管理方面的漏洞，以至违纪问题。
3	◇查证短期借款是否存在归还不及时、不足额的问题时，可查阅短期借款有关明细账，看其还款时间同借款计划和银行规定还款时间是否相符，查证还款是否及时，并可核对借款额还款额，确定还款是否足额。
4	◇查证预提费用总账与明细账以及财务费用总账与明细账、短期借款总账与明细账，看短期借款利息计提是否及时、金额是否正确。

四、例题分析

例题一：（1）资料概述。审计人员在审查北京 ABC 有限公司“短期借款”明细账时，发现本年的短期借款余额高达 283 万元，而银行存款的余额却为 280 万元，ABC 有限公司的其他业务都正常。审计人员怀疑其中有短期借款长期挂账，不按时归还的现象。经查发现，2010 年 2 月 1 日第 29 号凭证借入一笔 C 公司 180 万期限为 6 个月的短期借款，至今，ABC 有限公司仍未归还该短期借款。

2010 年 2 月 1 日

借入借款：

借：银行存款　　　　　　　　1 800 000

　贷：短期借款——C 公司　　　　1 800 000

（2）问题分析。审计人员分析，短期借款是企业流动性较大的负债，因此企业应该对其进行专门管理，及时归还，而该笔 180 万元的大额借款也已经逾期四个月没有进行相关账务处理和借款归还。ABC 有限公司为拖欠借款，有意不归还借款，导致长期占用到期资金，使利息支出加大，经审计人员的教育，公司领导承认了错误，并归还了短期借款。

（3）调账处理。

归还借款：

借：短期借款——C 公司　　　　1 800 000

　　贷：银行存款　　　　　　　　1 800 000

例题二：（1）资料概述。审计人员在审阅一家企业会计报表时，发现该企业银行存款 152 万元，短期借款余额 184 万，怀疑有不及时归还借款行为。经过进一步查阅“短期借款”明细账，发现有两笔超期达 9 个月之久的短期借款尚未归还，共计 125 万元。

（2）问题分析。企业占用到期资金，加大了利息支出的负担，违反银行管理的规定，属于舞弊行为，应立即归还，并做如下调整：

（3）调账处理。

借：短期借款　　　　　　　1 250 000

　　贷：银行存款　　　　　　　1 250 000

例题三：（1）资料概述。审计人员在审查企业“短期借款——生产周转借款”使用情况时发现，该公司 2003 年 6 月至 12 月平均贷款为 85 万元，存贷合计为 24 万元，其他应收款为 40 万元。经审计人员分析：该公司其他应收款占用比重过大，可能有非法使用或占用短期借款行为，于是开始审查。审计首先人员调阅了 6 月 1 日借入“短期借款”的 80 号凭证，其记录如下：

借：银行存款　　　　　　　　　　　　400 000

　　贷：短期借款——生产周转借款　　　400 000

80 号凭证所附“入账通知”和“借款契约”两张原始凭证，借款期限为 6 个月，审计人员追踪调查存款的去向，在审阅银行存款日记账时，发现 6 月 25 日银付字 206 号凭证，减少银行存款 400 000 元。调阅该凭证时，其记账凭证分录如下：

借：其他应收款——张某　　400 000
　　贷：银行存款　　　　　　400 000

其摘要为“汇给A公司贷款”，经核实，以上凭证所记汇出款项，是公司为职工垫付的购买50台空调的款项，张某是负责向职工收回垫付款的负责人，全部货款于本年7月至12月陆续收回。

（2）问题分析。审计人员认为，公司为职工垫付的空调款，实际上是占用短期借款，不按借款用途使用借款，并增加了公司的财务费用，审计人员向公司提出上述问题时，公司供认不讳。上述例题中的行为是“占用短期借款，增加企业财务费”的舞弊形式。

（3）调账处理。上述问题查实后，审计人员提出了如下处理意见。

公司收回的垫付款应归还借款，已入账的借款利息费用应由职工承担。按借款占用时间计算，应负担利息1.9万元，该公司应调整有关账簿记录，会计分录如下：

按规定应向职工收回利息时：

借：其他应收款　　19 000
　　贷：财务费用　　19 000

归还借款时：

借：短期借款——生产周转借款　400 000
　　财务费用　　　　　　　　　19 000
　　贷：银行存款　　　　　　　419 000

例题四：（1）资料概述。审计人员在审查公司财务报表时发现，银行存款余额200万元，短期借款余额202万元。审计人员认为存贷比例不合理，怀疑其有不及时归还借款的行为。

（2）问题分析。审计人员审查“短期借款”明细账，发现有四笔到期两个月，尚未归还，四笔借款共计70万元。该公司故意占用到期资金，导致公司利息支出加大，违反银行管理制度。在询问知情人员时，了解到公司为了使用该笔借款，方便资金使用，有意拖欠借款。在审计人员的说服下，同意归还超期借款。上述例题中的行为是“为方便资金使用，有意拖欠借款”的舞弊形式。

（3）调账处理。归还超期借款时会计分录如下：

借：短期借款　　　　700 000

　　贷：银行存款　　　　700 000

例题五：（1）资料概述。审计人员在2011年初对某公司上年度短期借款进行审查时，发现有一张预提农业银行借款利息的记账凭证有点可疑。于是调出相应的会计记账凭证，其会计分录为：

借：财务费用——利息　　　　5 000

　　贷：应付利息　　　　　　　5 000

审计人员通过对该企业短期借款各项明细账户的审查，发现该企业2010年末短期借款利息总额30万元，其中从农业银行取得的短期借款金额为20万元，根据计提的利息和短期借款的金额，审计人员通过以下公式反推出了农业银行的短期借款利率为30%，其计算过程如下：短期借款利率＝5 000÷200 000×12×100%＝30%。经过查阅有关借款协议、账簿记录，查明该公司在2010年12月向农行某支行借入短期借款200 000元，年利率12%，借款期限为半年，到期一次还本付清。因此公司每月应提的利息费用为2 000元，并非5 000元。

（2）问题分析。公司违反规定，多计提利息支出3 000元（5 000－2 000），造成虚减利润3 000元，漏交所得税750元。

（3）调账处理。经过调查，做调账的会计分录如下：

借：应付利息　　　　　　　3 000

　　贷：以前年度损益调整　　　3 000

借：以前年度损益调整　　　　　　750

　　贷：应交税费——应交所得税　　750

第二节　长期借款的审计

一、长期借款

长期借款是指企业向银行或其他金融机构借入的期限在一年以上（不含一年）或超过一年的一个营业周期以上的各项借款。一般用于固定资产的构建、改扩建工程、大修理工程、对外投资以及未来保持长期经营能力等方面的需要。

二、长期借款舞弊形式

审计过程中经常发现的长期借款舞弊手段有：利息不入费用，长期挂账；虚计费用，调节利润；混淆资本化利息，长期借款短期化等。具体说明如表 3-3 所示。

表 3-3　长期借款舞弊形式说明表

舞弊形式	具体表现
虚拟长期借款数，挪用公司款项	◇企业举借长期借款，一般要与银行签订借款合同，但有人利用职务之便，将长期借款数额多列。和银行签订合同后将一部分资金挪作他用，或借给关系户。
多提长期借款利息，以便私分或者贪污	◇有的人利用职权或者职务之便，多提长期借款的利息，以便在企业偿还时，将一部分利息自己贪污或者和同伙私分。而企业的分支机构如果多提利息，则计入当年成本的金额就会增加，从而减少利润。
长期借款或者借款利息长期挂账	◇有时会发现一笔长期借款一直没有偿还，形成长期挂账的情况。可能是由于企业的某些管理者将长期借款挪作他用或者转借给别人，一直没有收回，而企业也缺乏资金偿还；借款利息挂账可能是企业存在着潜亏，因此一直没有提取借款利息。

三、长期借款舞弊的审查方法

为有效审查与防范上述舞弊现象，我们总结了三种审查方法，具体说明如表 3-4 所示。

表 3-4　长期借款舞弊的审查方法

1	◇审阅有关的合同和项目评估书，检查合同签订的借款数目和还款时间与会计账户上的记录是否相同。 ◇检查长期借款应用的项目，检查是否存在虚列项目而将长期借款私借给他人或者挪为他用的情况。
2	◇用核对法进行账账核对。将长期借款资金总额和用于各种项目的资金总数进行对比，看看是否会发生资金不符现象。
3	◇检查与长期借款相关的会计账户，可以检查在建工程、财务费用等账户，也要防止有人将产品销售收入计入长期借款账户。 ◇可以利用逐笔核对的方法，对账户进行检查，也可以根据自己发现的疑点，选择一些账户进行检查。

四、例题分析

例题一：（1）资料概述。审计人员在审查企业“长期借款”明细账时，发现有 2012 年 1 月份从甲公司借入的 240 000 元长期借款挂账，并将按月计提的借款利息计入“财务费用”。至发现时止，已累计计提 15 个月的长期借款利息 18 000 元，但未见支付利息的账务处理。审计人员联想起在审阅企业“其他应收款”明细账时，似乎也有甲公司的一笔账项挂账。重新查阅“其他应收款”明细账。果然在甲公司账下，有金额为 500 000 元的应收账款，挂账已有两年多。

（2）问题分析。为什么该企业的欠款未能收回，却又向其取得长期借款，这与情理不合。后经审计人员查证，原来挂账的应收账款实为向甲公司的一笔投资，而所谓的长期借款是上年由甲公司分回的投资收益。企业财务人员承认，由于甲公司地理位置特殊，企业所得税低于该企业所在地税率，为逃避补税，才出此下策。上述例题中的行为是虚设“长期借款”账户，偷逃企业所得税的舞弊形式。

第三节　应付票据的审计

一、应付票据

应付票据，是指企业在商品购销活动和对工程价款进行结算因采用商业汇票结算方式而发生的，由出票人出票，委托付款人在指定日期无条件支付确定的金额给收款人或者票据的持票人，它包括商业承兑汇票和银行承兑汇票。在我国，商业汇票的付款期限最长为 6 个月，因而应付票据即短期应付票据。应付票据按是否带息分为带息应付票据和不带息应付票据两种。随着商业活动的票据化，应付票据也成为一个重要的审计领域。

二、应付票据的舞弊形式

应付票据常见的舞弊形式如表 3-5 所示。

表 3-5　应付票据舞弊形式说明表

舞弊现象	具体说明
签发并承兑无合同的商业汇票和非法的商业汇票	◇如签发劳务供应、借入现金之类无商品交易的票据，并不是以合法的商品交易为基础。
应付票据长期挂账	◇如果应付票据超过其付款期限，可能出现的问题包括利用“应付票据”账户，转移收入；购销双方存在经济纠纷；付款单位无力支付货款。
错付票据	◇如由于银行失误，将其他单位的票款转入本企业，企业通知银行付款，导致票款错汇。
应付票据金额与实际金额不一致	◇在会计核算中故意使应付票据与实际金额不一致。
贪污应付票据利息	◇在本企业到期末付清票款时，不及时注销应付票据，从而贪污带息票据节省的利息。或者，企业在平时计提票据利息时，不正确计算票据应付利息，从而多计或少计企业财务费用，调整企业利润。

三、应付票据舞弊的审查方法

针对上述应付票据出现的舞弊现象，我们总结了四种审查方法，具体说明如表 3-6 所示。

表 3-6 应付票据舞弊审查方法说明表

审查方法	具体说明
确定应付票据实有数	◇编制或获取决算日应付票据明细表（或应付票据备查簿）。 ◇分析并检查应付票据账户。 ◇函证确认发行在外的应付票据及其担保物。
审查应付票据业务的合法性	◇签发应付票据必须以合法的商品交易为依据。仅经一人签发并交由有权签发票据的另一人代办，则应注意是否有发生舞弊及不合法借款的事项。
审查带息票据利息支付的正确性	◇检查利息支出是为了查证企业有无未入账的应付票据。此外，还应检查利息计算的正确性，有无利用带待息票据进行营私舞弊。
审查应付票据在资产负债表上的列示是否恰当	◇应付票据在资产负债表中列示在流动负债类下，“应付票据”项目应根据“应付票据”科目的期末余额填列。并且，应在资产负债表附注中写明其余额、利息率、到期日和担保抵押资产等。

四、例题分析

例题一：（1）资料概述。审计人员在审查北京 ABC 有限公司“应付票据”明细账时，发现 2010 年 4 月 6 日第 36 号凭证记载“应付购货款”5 万元，但并没有附相关合同，只附有一张银行存款进账单和 ABC 有限公司签发并承兑的商业汇票一张。审计人员怀疑其中有作假行为，决定对其进一步审查。

2010 年 4 月 6 日，第 36 号凭证：

应付购货款：

借：银行存款　　　　　　　　50 000
　　贷：应付票据——B 公司　　　　50 000

（2）问题分析。审计人员分析，明明是“应付购货款”，为什么会出现“银行存款”的科目而且还在借方，同时在该笔业务中也没有相关合同的原始凭证，这很值得怀疑。审计人员询问会计人员，其称当时老会计就是这么写的，拒绝说该笔业务的具体内容，审计人员认为其可疑性更大了。审计人员询问 B 公司领导，其证实当日并没有收到 ABC 有限公司的票据。同时，审计人员还发现当日有一张 H 公司开出的收据，收据记载 ABC 有限公司借入 H 公司 5 万元借款，在事实面前，ABC 有限公司会计承认其违纪行为。ABC 有限公司为减少本年负债数额，会计人员用自己签发的5万元商业承兑汇票掩盖其借H公司的5万元。

（3）调账处理。

借：应付票据——B公司　　　　　　50 000
　　贷：短期借款——H公司　　　　　　50 000

例题二：（1）资料概述。在审查一家单位“应付票据”明细账时，审计人员发现11月26日凭证所记录的“购货款”无相应的购销合同，怀疑其签发无合同的商业承兑汇票。调阅11月26日凭证，记录如下：

借：银行存款　　　　　　　　　　　10 000
　　贷：应付票据——×企业　　　　　　　10 000

（2）问题分析。该凭证附有进账单一张，借×企业周转收据一张，该单位签发并承兑商业汇票一张，汇票利率为25%。很明显该单位用应付票据业务掩饰从×企业借款的问题，所以应把该笔虚假应付票据业务调整为借款业务。调整如下：

借：应付票据——×企业　　　　　　10 000
　　贷：短期借款——×企业　　　　　　10 000

例题三：（1）资料概述。审计人员到一家生产芯片的甲公司例行检查。审计员小青发现甲公司2013年10月有一笔看不懂的会计分录：借“其他应收款——乙公司”，其金额为295万元，贷：“应付票据——乙公司”295万元。再追查这两个账户，发现在2014年1月又因退票如数冲回，两账户同时转平。小青询问甲公司财务部张经理，张经理只是简单地说“这笔业务已冲回了。”小青将此账务处理提交检查组讨论，但大家认为，既然原科目已经冲回，且所涉及的两个科目与收入和费用等涉税事项无关，所以此分录应该不影响税收，但是，小青找来了两账户前后两年的账页、会计凭证及凭证附件，仔细查看后还是觉得疑点重重。

在征得同意后，小青到乙公司实地调查。乙公司财务经理回忆说，未收到过甲公司的银行承兑汇票，也没有与甲公司的任何往来挂账，至于合同是否履行，需要到销售部门了解情况。于是，小青立即来到销售部，介绍完情况后，销售经理马上说出了甲公司为三位老总购房的情况。

（2）问题分析。原来，甲公司在被检查年度的年初与乙公司签订了为三位老总各购一套住房的协议，并从甲公司预付了 120 万元，同时承诺在拿房后 3 个月内付完剩余款项。甲公司被检查年度的 10 月，乙公司在交付房屋的同时要求甲公司提供担保或抵押。于是，甲公司从本公司账户上开出了上述 295 万银行承兑汇票。但最后 3 个月到期时，甲公司又从其账户上汇来了 295 万元，乙公司遂将抵押的银行承兑汇票退回给甲公司。听到这里，小青立刻请乙公司财务调出了甲公司为三位老总付款买房的会计凭证，看到了此前没有看到的甲公司的银行账户。再回到甲公司后，小青顺利地查到了甲公司五年来共隐瞒销售收入 870 多万元，并将其中的 415 万元用于为 3 位公司老总买房的事实。

审计人员需注意，企业的涉税违法问题不可能都通过涉税科目进行核算。因此，仅检查涉税科目往往发现不了问题。如果出现类似上述甲公司的情形，即涉税违法问题本身就没有通过账面核算，则企业的涉税违法资金很可能回流到大账或与大账发生收付关系。审计人员需明白，既然是涉税违法问题，违法行为产生的利益必定会体现为货币资金形态，企业也一定会处置这些资金。正如上述案例中甲公司将截留收入形成的资金用于为老总购买住房，这就使得违规所得的资金产生了流动，而这种流动一旦与大账产生关联，就给检查人员发现问题提供了机会。

例题四：（1）资料概述。审计人员在审查某企业应付票据明细时，发现一张摘要为“购原材料”的凭证，但是却没有相关合同的记录。审计人员调阅该业务的记账凭证，其会计分录为：

借：银行存款　　　15 000

　　贷：应付票据　　　15 000

附件为进账单一张，借款收据一张，系该企业向光明公司借周转款，企业签发承兑的商业汇票一张，利率为 20%。

（2）问题分析。从原始凭证分析看，该企业以签发商业汇票掩饰从光明公司借款业务。

（3）调账处理。按规定，向其他单位借入资金应通过“短期借款”核算，应做调账分录如下：

借：应付票据——光明公司　　　15 000
　　贷：短期借款　　　　　　　　15 000

第四节　应付账款的审计

一、应付账款

应付账款是指企业因购买材料、物资和接受劳务供应等应付给供货单位的账款。应付账款审计是指组织内部审计机构和人员以企业应付账款为对象所进行的独立监督和评价活动。

二、应付账款的舞弊形式

应付账款舞弊通常表现为表 3-7 所示的六种形式。

表 3-7　应付账款舞弊形式一览表

舞弊形式	具体表现
分支机构虚列应付账款，调节成本费用	◇企业的分支机构为了控制其利润实现情况，往往采取虚列“应付账款”的形式，设置虚列费用项目，从而达到挤占利润、控制利润的目的。这时的“应付账款”账户往往是和一些费用支出账户相联系的。
多列应付账款，将多余款项私吞	◇企业内部人员如会计可以在做账时多列“应付账款”，如将应付 4 200元，改写为 4 800 元。在企业还款时可以多拿到一部分款项。会计人员有时在账簿上直接改动，有时将原始凭证进行篡改。
隐匿销售收入	◇有的企业或者企业的分支机构利用产品或者商品抵顶“应付账款”，隐瞒收入。此外，不法分子为了达到贪污目的，也会利用“应收账款”，隐匿销售收入。
利用购货退回从而贪污货款	◇企业购入货物后，可能会由于出现各种原因而发生购货退回的现象，无论是全部还是部分退回货物，企业都应该减少对供货方的欠款。有些会计人员就会隐瞒退回货物的事实，仍照原账面金额付款给供货方，将多余款项私吞。

续表

舞弊形式	具体表现
应付账款长期挂账	◇"应付账款"一般是在短期内归还的款项，如果长期挂账，可能是由于归还能力有限，或者有人利用该账户弄虚作假，但由于没有找到合适的机会一直没有冲减该账户。
利用应付账款贪污现金折扣	◇对有付款条件的应付账款，先按总价借记"物资采购"，贷记"应付账款"，在付款期内付款时，对享有的现金折扣不予扣除，按发票原价支付货款，然后从债权人处取得退款支票或现金。

三、应付账款舞弊的审查方法

检查应付账款时，主要针对内部人员利用该账户进行牟利的行为，可以采用审阅法、核对法、调查法和核实法等，其具体步骤如下表 3-8 所示。

表 3-8　应付账款舞弊审查方法说明表

1	◇审阅企业"应付账款"明细分类账。查证其业务的账务处理是否真实、合理，内容是否完整。
2	◇如在第一步发现问题，需进一步审阅相关账簿和记账凭证，发现有将收入项目转入应付账款的账务记录，应进一步追踪审查，弄清其转账背景、转账金额以及拖欠时间等。
3	◇根据实际情况，采取调查法，进行内查外调，仔细向交易双方调查，从而进一步查明交易合同双方有关经手人之间私自牟利的情况。
4	◇对虚列"应付账款"的舞弊行为，采用审阅法、逆查法和复核法的技术方法。可以先查阅应付账款明细分类账，主要看企业年初有无以红字冲减。而在以后的会计期间有无以红字冲回，如有则跟踪审查相应的记账凭证和原始凭证，从中查找问题。如果前后两笔业务的凭证内容一致，金额相等，则应该用查询法询问有关的财会人员，弄清业务的真相。
5	◇将对"应付账款"的检查和其他账簿检查相结合。如可以审查"制造费用"明细账、"生产成本"明细账、"主营业务成本"明细账，检查是否存在虚列成本的现象。
6	◇对于购货退回不冲减"应付账款"的检查，可以从"退货登记簿"入手查找"应付账款"的贷方余额是否相应地减少；然后检查减少数是否由"银行存款"或者"现金"账户列支。如果是由现金或者银行存款列支，则表明钱款被人贪污了。可以以此为线索，进一步调阅有关的会计凭证，检查会计凭证的合法性与真实性，最终查明问题的真相。

续表

7	◇对于应付账款长期挂账的问题，可先分析挂账的原因，再进一步采取措施，必要时可以借助函证等工具进行调查。

四、例题分析

例题一：（1）资料概述。2013年初，审计人员在审查“主营业务收入”账户时，发现2012年末销售收入大幅度下滑，但本单位在下半年正处销售旺季，审计人员怀疑该单位可能利用“应付账款”账户隐匿销售收入。

审计人员认真审阅2012年11月、12月的应付账款明细账，分别将本市甲公司等几家债务上升比较大的客户的有关记录进行了详细审查，其会计分录如下：

借：银行存款　　　　3 000 000
　　贷：应付账款　　　　3 000 000

所附原始凭证均为银行进账单回单，以及分别向甲公司等购货单位开出的发货票。

（2）问题分析。该单位利用往来账隐瞒收入，不但偷漏了流转税款，也因人为压低利润数导致少纳所得税。上述例题中的行为是利用“应付账款”账户隐匿收入的舞弊行为。

（3）调账处理。被查单位为一般纳税人，增值税率为17%。该单位销项税额为510 000元。调整后会计分录如下：

借：应付账款　　　　　　　　　　3 000 000
　　贷：以前年度损益调整　　　　　　2 490 000
　　　　应交税费——应交增值税（销项税额）510 000

该单位所得税税率为25%，补交所得税费用为622 500元。

借：以前年度损益调整　　　　622 500
　　贷：应交税费——应交所得税　　622 500

例题二：（1）资料概述。审计人员在审查应付账款明细账时，发现应付甲公司货款30 000元，超出付款期限三年。审计人员怀疑这笔应付账款是无法支付的款项，对此展开了调查。

（2）问题分析。审计人员查阅该账款发生时的凭证，其记录为付甲公司30 000元，审计人员询问经手人，经手人回忆说，该笔账是在当时因商品质量问题，一直未解决，后来甲公司破产解散，该笔款项一直挂账。上述例题中的行为是“因商品质量问题，应付账款长期挂账”的舞弊形式。

（3）调账处理。根据有关规定，对于企业确定无法支付的款项应转入营业外收入，其会计分录如下：

借：应付账款-甲公司　　　　30 000
　　贷：营业外收入　　　　　　30 000

例题三：（1）资料概述。审计人员在审查北京ABC有限公司“应付账款”明细账时，发现明细账上记载“上年结转”的一笔5万元的“应付账款”，经查该笔业务是2008年6月1日发生的，至2010年底，ABC有限公司仍挂账处理。审计人员怀疑该笔业务为无法支付的款项，ABC有限公司做挂账处理。

（2）问题分析。审计人员分析，该笔5万元的“应付账款”已经发生2年多了，按照常理公司应该对其进行相关会计处理，询问会计人员，其解释说由于O公司提供的商品存在质量问题，ABC有限公司和O公司一直争执不下，因此该笔业务一直未支付，直到今年O公司倒闭，该款项一直作为“应付账款”挂账处理。由于公司会计未及时向公司领导报告该笔业务的相关内容，导致该笔业务一直挂账处理，审计人员责令其尽快将该笔业务进行会计处理。

（3）2010年12月30日，确认收益。

借：应付账款——O公司　　　　50 000
　　贷：营业外收入　　　　　　50 000

例题四：（1）资料概述。2010年初，在审查一家单位“主营业务收入”账户时，被查单位在下半年正处销售旺季，但却发现其2009年末销售收入下滑幅度较大。审计人员怀疑该单位利用“应付账款”账户隐匿收入。

在审计人员认真审阅该单位2009年10月、11月和12月的“应付账款”明细账时，分别把本单位几家债务上升比较大的客户的有关记录进行了详细调查，分录如下：

借：银行存款　　4 500 000
　贷：应付账款——×企业　　4 500 000

（2）问题分析：该企业利用“应付账款”账户隐匿收入。经调查发现，该单位利用往来账隐瞒收入，不但偷漏了流转税款，也因人为压低了利润数目而少纳所得税。

（3）调账处理。

借：银行存款　　4 500 000
　贷：以前年度损益调整　　3 735 000
　　应交税费——应交增值税（销项税额）　　765 000

该单位所得税率为25%，补交所得税为933 750元。调整分录如下：

借：以前年度损益调整　　933 750
　贷：应交税费——应交所得税　　933 750

例题五：（1）资料概述。在审阅一家企业“应付账款”明细账时，发现有一笔应付给A公司的货款已超出付款期3年，怀疑有舞弊行为。经调查，发现该记账凭证如下：

借：材料采购　　100 000
　贷：应付账款——A公司　　100 000

（2）问题分析。经过进一步查证，发现A公司已于一年前破产解散，该笔应付账款无法支付。按规定，应转为营业外收入，而不应长期挂账，虚列债务。

（3）调账处理。查清后，该笔业务转为营业外收入，做如下调账：

借：应付账款——A公司　　　　100 000

　　贷：营业外收入　　　　　　100 000

例题六：（1）资料概述。审计人员检查某企业2011年“应付账款”明细账时，发现在与×公司的业务往来中有一笔业务的记录摘要含糊不清，存在疑点。调阅该业务的记账凭证，其会计分录如下：

借：银行存款　　　　　　　　351 000

　　贷：应付账款——×公司　　351 000

审计人员向×公司函证后，×公司回函确认并没有向该公司采购任何货物。另外检查其原始凭证发现是一张银行电汇单和一张增值税发票记账联。

（2）问题分析。该公司将销售收入挂列“应付账款”，属于隐瞒收入的违纪行为。造成隐瞒利润，漏交税款。

（3）调账分析。

借：应付账款——×公司　　　　　　　　　351 000

　　贷：主营业务收入　　　　　　　　　　300 000

　　　　应交税金——应交增值税（销项税额）51 000

补交所得税，税率为25%：

借：所得税费用　　　　　　　　75 000

　　贷：应交税金——应交所得税　　75 000

例题七：（1）资料概述。审计人员检查某企业2011年上半年“应付账款”明细账时，发现4月5日应收账款增加了500 000元。8日偿还贷款500 000元，归还速度如此之快，引起审计人员怀疑，可能存在现金折扣的问题。审计人员调阅5日该业务的记账凭证，其会计分录为：

借：原材料　　　　　　　　　　　　　　427 350.42

　　应交税费——应交增值税（进项税额）　72 649.58

　　贷：应付账款　　　　　　　　　　　　500 000

所附原始凭证为供货单位发票一张，合同一份，规定付款期一个月，如在10日内付款，给予现金折扣20%，20日内付款，给予现金折扣10%。调阅8日该业务的记账凭证，其会计分录为：

借：应付账款　　500 000

　　贷：银行存款　　400 000

　　　　库存现金　　100 000

所附原始凭证为转账支票存根和现金收据两张。又经过向供货单位函证，并与会计有关人员进行了解，查明是出纳员从保险柜中取出现金并签发支票用于结算货款。

（2）问题分析。由于财务制度的不严格，导致出纳人员利用职务之便，贪污现金100 000元。公司领导责令出纳归还贪污款100 000元，并罚款1 000元。

（3）调账处理。

借：其他应付款——出纳　　101 000

　　贷：财务费用　　100 000

　　　　营业外收入　　1 000

出纳员交来贪污款及罚款

借：银行存款　　101 000

　　贷：其他应收款　　101 000

例题八：（1）资料概述。审计人员在2011年年初审查某公司的应付账款业务时，发现该公司应付账款余额比上年度同期有明显减少。调查该公司的应付账款业务相关的采购业务并询问有关当事人，得知该公司有100万元的材料已验收入库，货款尚未支付，但在“应付账款”账户和“原材料”账户中并没有记录。

（2）问题分析。按照规定，企业收到所购货物后，应及时将往来的款项计入“应付账款”账户。该企业对该项业务不做应付账款增加的会计处理，这就隐瞒了企业的负债，歪曲了企业的财务状况。

（3）根据上述状况，审计人员建议公司做调账分录如下：

借：原材料 1 000 000

应交税费——应交增值税（进项税额）170 000

贷：应付账款 1 170 000

支付货款时做会计分录如下：

借：应付账款 1 170 000

贷：银行存款 1 170 000

第五节 预收账款的审计

一、预收账款

预收账款科目核算是企业按照合同规定或交易双方之约定，而向购买单位或接受劳务的单位在未发出商品或提供劳务时预收的款项。一般包括预收的货款、预收购货定金等。企业在收到这笔钱时，商品或劳务的销售合同尚未履行，因而不能作为收入入账，只能确认为一项负债，即贷记“预收账款”账户。企业按合同规定提供商品或劳务后，再根据合同的履行情况，逐期将未实现收入转成已实现收入，即借记“预收账款”账户，贷记有关收入账户。预收账款的期限一般不超过 1 年，通常应作为一项流动负债反映在各期末的资产负债表上。

二、预收账款的舞弊形式及审查内容

预收账款常见的舞弊形式与审查内容如表 3-9 所示。

3-9 预收账款舞弊形式与审查内容表

舞弊形式	具体表现	审查内容
虚增销售收入	◇利用预收账款来调节销售收入，将尚未实现的销售收入提前做收入处理，虚增商品销售收入，调节利润。 ◇为了平衡利润，企业在未发出商品时就虚做商品销售收入，虚增当期利润，在下一个会计期间再冲回原账务处理。	◇检查企业预收账款明细账及银行存款等相关账户，核对预收账款明细账与双方签订的合同与协议，分析是否相符，有无提前转做收入，虚增商品销售收入，调节利润的情况。
偷逃收入、税金	◇企业将预收账款长期挂账，不做销售处理，也不结转成本。	◇检查预收账款明细账，对账龄较长的预收账款重点进行查证，查明有无客户已经提走货物。
预收账款与合同或协议不相符	◇尚未结转的预收账款与合同或协议不相符，超出规定期限仍未交货、仍未提供劳务。	◇核对预收账款明细账与双方签订的合同或协议，分析是否相符，有无超出规定期限尚未发货或按规定退回多收的预收账款的现象。

三、例题分析

例题一：（1）资料分析。审计人员在将甲公司 2011 年 7 月的预收账款明细账与销售合同核对时，发现“预收账款——B 公司”没有销售合同，在摘要中也没有注明发货日期或偿还期。调阅该业务的记账凭证，其会计分录为：

借：银行存款　　　　　　　　　6 000

　　贷：预收账款——B 公司　　　　6 000

所附原始凭证为进账单和销货发票两张。询问经办人员，获知该笔业务收入为盘盈产品的销售收入。

（2）问题分析。被查单位收取的销售款不列入主营业务收入，从而隐瞒了收入，少交了税金。

（3）调账处理。将预收账款调整为主营业务收入，其分录为：

借：预收账款——B 公司　　　　　　　　7 020

贷：主营业务收入　　　　　　　　　　　6 000

　　应交税费——应交增值税（销项税额）　　1 020

例题二：（1）资料概述。审计人员在审查某公司 2011 年上半年预收账款明细账时，发现 1 月 15 日预收 A 公司货款 50 000 元，合同规定发出商品的日期为 3 月 1 日，直到 7 月初还未结转。调阅该业务的记账凭证，其会计分录为：

借：银行存款　　　　　　　　50 000

　　贷：预收账款——A 公司　　　50 000

所附原始凭证为银行进账单一张和购销合同一份。审阅库存商品明细账时，发现 3 月 1 日发出商品 1 000 件，每件 40 元，调阅对应的会计凭证，记账凭证上的会计分录为：

借：应收账款——A 公司　　40 000

　　贷：库存商品　　　　　　　40 000

（2）问题分析。该公司在采用预收账款销售时，发出商品未反映销售收入，从而隐瞒收入，少交税金。

（3）调账处理。在发出商品时确认收入，做会计调整分录如下：

借：预收账款——A 公司　　　　40 000

　　贷：主营业务收入　　　　　　40 000

调整成本会计分录如下：

借：主营业务成本　　　　40 000

　　贷：应收账款——A 公司　　　40 000

第六节　应付职工薪酬的审计

一、应付职工薪酬

应付职工薪酬是企业根据有关规定应付给职工的各种薪酬，按照“工资、奖金、津贴、补贴”“职工福利”“社会保险费”“住房公积金”“工会经费”“职工教育经费”“解除职工劳动关系补偿”“非货币性福利”“其它与获得职工提供的服务相关的支出”等应付职工薪酬项目进行明细核算。

二、应付职工薪酬舞弊形式

应付职工薪酬舞弊形式通常表现为五种，具体如表 3-10 所示。

表 3-10 应付职工薪酬的舞弊形式

1	◇冒领工资，扩大“小金库”，或者私吞。如为了私吞部分现金，采用考勤和虚报加班工时等方式，多领工资存入“小金库”。
2	◇会计人员故意将工资表核算错误，将多领的钱占为己有。
3	◇混淆工资、福利的列支范围。
4	◇扩大工资总额多提福利费。
5	◇职工福利费支出挤占成本费用。

三、应付职工薪酬舞弊的审计方法

为了增强查找应付职工薪酬舞弊的正确性，提高查证的工作效率，审计人员可以从五个方面进行审查，具体说明如表 3-11 所示。

表 3-11 应付职工薪酬舞弊审计方法说明表

审查内容	具体说明
对冒领工资舞弊的审查	◇查看企业的原始考勤记录，再通过原始工时记录，查看根据企业工作人员的实际出勤记录汇总表，上报的“考勤报表”以及“工资计算明细表”，查看二者是否一致。 ◇查看企业职工工资的领发手续是否合规、合理，若工资“计算明细表”中的领款人签章栏目中，没有本人签章，或一人代多人签章，则显然说明手续不完备，或有冒领可能。

续表

审查内容	具体说明
对于利用工资费用舞弊的审查	◇采用顺查法和审阅法，按照现行会计的财务处理程序审阅工时记录、考勤记录、工资结算单、工资费用表和相关记账凭证的记录。 ◇在审阅工资费用明细分类账、相关记账凭证、原始凭证的过程中，可采用核对法，对企业的工时记录和工资表的应付工资实际金额，与企业工资分配表中各项目的数额进行核对，看其实际工时记录是否与工资结算单一致。 ◇采用试验法查看企业工资费用分配数据，用以与企业账面应付职工薪酬金额进行核对。如发现企业存在与工资费用的分配金额不一致的项目或疑点时，再进一步核实相关记录的工资费用和企业实际工资数额差额的全部真实情况，进而查明出现差额的原因。
对超比例计提应付福利费的审查	◇审阅“应付职工薪酬——应付福利费”明细分类账户，查看工资总额的账面记录和应付福利费的账面提取记录。 ◇按照工资总额14%比例，计算企业应计提的职工福利费，与实际提取福利费金额进行对比。如实际提取的福利费金额大于应该提取的数额，则证明企业多提取了福利费用。
对于扩大工资总额、多提职工福利费的舞弊的审查	◇在审查确认企业全部工资总额和提取职工福利的工资总额的基础上，再按现行会计制度的要求，审查职工福利费的计算和提取以及分配。 ◇审阅“工资结算单”时，应注意审查企业工资总额的构成是否正确，查看其是否有扩大范围项目和内容。如有不应列入工资总额的项目及金额。应予以剔除。在对企业全部工资总额审查确认的基础上，再进一步审查企业提取职工福利费的工资总额计算是否正确，如有各种奖金和离退休人员的工资等包括在提取职工福利费的工资总额之内，应当全部扣除。 ◇为了能准确查证提取职工福利费的正确性和合规性。可采用穿行试验法，按照会计制度规定对提取职工福利费的全过程重做一遍，计算出应提取职工福利费的正确数额，然后将查证的数额与企业的“应付福利费”账面金额记录和对照，查看其是否一致。如果企业的账面数额大于应计提的数额，则其差额绝大多数是企业多提取的职工福利费。
对职工福利费支出挤占成本舞弊的审查	◇审查职工福利费计入产品成本费用的违纪行为，通常采用审阅法、核对法和核实法进行检查。 ◇审阅“应付福利费”明细分类账，管理费用和制造费用明细分类账，及与之相关的账册和会计凭证，查看其是否应在“应付福利费”账户中列支的职工医药费、医疗机构人员的工资、医务费用、职工因公负伤后赴外地就医的路费、生活福利部门人员的工资、职工生活困难补助、集体福利设施、食堂炊具的购置和修理费以及国家规定的其他职工福利支出，计入“管理费用”账户和“制造费用”账户等科目内报销。

四、例题分析

例题一：（1）资料概述。审计人员在审查北京光明有限公司 2010 年 4 月份工资表时，发现 2010 年 4 月的工资比上月多 8 000 元。经查，发现 2010 年 4 月 15 日第 34 号凭证记载发放职工加班费 8 000 元，后附一张 3 月加班费的工资结算单。审计人员怀疑党员、会计小张利用虚假加班费，贪污公款。2010 年 4 月 15 日，支付加班费的分录如下：

借：应付职工薪酬　　　　　　8 000
　　贷：库存现金　　　　　　　　8 000

（2）问题分析。审计人员分析，加班费只有 2 天却领取 1 000 元，这个费用有点偏高，审计人员决定对其进一步调查。经查发现，光明公司上个月就根本没有加班。原来，公司领导为了笼络单位的技术骨干，以加班费为名给职工发钱，属于公款私用，严重违反了法律法规，对其处以 1 000 元的罚款。

（3）调账处理。

2010 年 12 月 30 日，收回加班费及罚款

借：库存现金　　　　　　　　9 000
　　贷：应付职工薪酬　　　　　　8 000
　　　　营业外收入　　　　　　　1 000

例题二：（1）资料概述。2012 年初，审计人员审查某企业应付职工薪酬明细账时，发现九月份计提的福利费 11.2 万元，当月职工工资总额为 40 万元。经计算，福利费计提比例高达 28%，审计人员怀疑，其中有超规计提。于是，审计人员调阅 9 月份工资结算单，发现在职职工工资总额为 40 万元，离退休人员工资总额为 40 万元，共计 80 万元。又调阅了 9 月份计提福利费的 156 号凭证，其福利费为 80×14%＝11.2（万元），会计分录如下：

借：管理费用　　　　　　112 000
　　贷：应付职工薪酬　　　　112 000

（2）问题分析。按规定，离退休人员工资不得计提福利费。被审计单位

将其与在职职工工资一起计提福利费，目的是多计提福利费，虚增费用，从而逃避税款。上述例题的行为属于“扩大工资总额，多提福利费”的舞弊行为。

（3）调账处理。此类问题查证后。应根据其具体形态做出财务调整。对于上述问题，多计提的福利费应转出，并补交所得税。应补交所得税 56 000×33%＝18 480（元）。该企业会计人员应做如下财务处理。

借：应付职工薪酬　　56 000
　　贷：管理费用　　　　56 000
借：所得税费用　　　　　　18 480
　　贷：应交税费——应交所得税　18 480

例题三：（1）资料概述。审计人员对某金融企业进行审计时，发现该企业 2013 年度工资、薪金支出同上年相比增长了 21.5%，而其工资福利费支出同上年相比减少 53.7%。两个年度的企业职工人数和调资情况没有变化，为什么工资薪金支出在增加，而福利支出却减少了，审计人员对此怀疑。通过进一步审查，发现该企业将发生的集体福利设备、设施以及维修保养费用和福利部门工作人员的工资、社会保险费等费用支出计入了“应付职工薪酬”账户的对应科目“营业费用”账户中，同时将为职工卫生保健、生活、住房、交通等所发放的各项补贴和非货币性福利支出计入了总机构“应付职工薪酬”账户的对应科目“管理费用”账户中。通过这种方式，该企业规避了“企业发生的职工福利费支出，不超过工资、薪金总额 14%的部分，准予扣除”的限制。

（2）问题分析。上述例题的行为属于“混淆工资、福利的列支范围”的舞弊形式。该企业财务负责人为了避税，故意混淆职工工资与福利费的列支范围，将职工福利费作为职工薪酬核算，以达到减少应纳税所得额、少缴税的目的。因此，为防范会计核算中出现此类舞弊现象，审计人员应对工资列支范围正确性进行审查，并检查福利费的计提是否合规、计提金额是否正确等。

例题四：（1）资料概述。审计人员在审查北京 ABC 有限公司“其他应付款”明细账时，至年底仍发现一笔上年结转的贷款 5000 元，审计人员怀疑其业务没有处理，长期挂账。经查发现其业务为 2009 年 11 月 20 日第 122 号凭证收到的C公司的包装物押金，这么长时间没有处理，审计人员决定对其进一步审查。

2009年11月20日，第122号凭证，包装物押金

借：银行存款　　　　　　　5 000

　　贷：其他应付款——C公司　5 000

（2）问题分析。审计人员分析，对于“其他应付款”一般只要几个月就可以进行结转，因为其业务主要是押金等。但光明公司该笔业务已经发生1年多了，公司仍未对其进行相关处理，其一定存在问题。对会计人员进行询问，其解释自己是新来的，不理解该业务。后又电函C公司领导，经证实，由于到期归还该包装物时，发生损坏，5000元押金作为了赔偿。在事实面前，会计人员承认自己职务失职没有对其处理。

（3）调账处理。

确认收益：

借：其他应付款——C公司　　5 000

　　贷：营业外收入　　　　　5 000

例题五：（1）资料概述。审计人员在检查某企业“应付职工薪酬——职工福利”明细账时，发现有一张凭证摘要是“劳动竞赛奖”，金额为50 000元。调阅该记账凭证，其会计分录如下：

借：应付职工薪酬——职工福利　　50 000

　　贷：库存现金　　　　　　　　　50 000

所附原始凭单据为增加劳动竞赛奖请求行政补助报告。经调查，拨付的50 000元根本就不是劳动竞赛奖，而是用于发放奖金。附有发放奖金人员名单，截止调查时，已发放了15 000元。

（2）问题分析。被查单位违反规定，以福利费发放奖金，单位领导对其行为供认不讳。

（3）调账处理。对于未发放的35 000元奖金，应责令退回，对于已发放的应从以后奖金中扣除，做调账处理的分录如下：

借：库存现金　　　　　　　　　35 000
　　贷：应付职工薪酬——职工福利　　　35 000

扣还奖金时的分录为：

借：应付职工薪酬——工资　　　　　15 000
　　贷：应付职工薪酬——职工福利　　　15 000

例题六：（1）资料概述。审计人员在对某公司2011年8月的应付职工薪酬明细账进行审查时，发现该月应付职工薪酬的金额比前几个月有所增加，在审阅工资结算汇总表时，发现职工甲替职工乙连续领了三个月的工资，共计6000元。审计人员将工资结算汇总表上的员工与企业人事部提供的职工名册进行核对，发现职工乙在4月底就已离职，并已结清了工资。但是企业在之后的三个月内仍发放了乙的工资，于是便有了甲冒领的行为。

（2）问题分析。企业财务部工资管理方面不够严格，调出人员工资不及时注销，为其他人员的舞弊提供了条件。

（3）调账处理。追回冒领的工资，做调账分录如下：

借：其他应收款——甲　　　　6 000
　　贷：制造费用——工资　　　6 000

第七节　应交税费的审计

一、应交税费

应交税费是指企业根据在一定时期内取得的营业收入、实现的利润等，按照现行税法规定，采用一定的计税方法计提的应交纳的各种税费。应交税费包括企业依法交纳的增值税、消费税、营业税、企业所得税、资源税、土地增值税、城市维护建设税、房产税、土地使用税、车船税、教育费附加、矿产资源补偿费等税费，以及在上缴国家之前，由企业代收代缴的个人所得税等。由于应交税费项目与国家的税务机关的征管工作紧密相连，政策性、法律性较强。因此，审计人员对于应交税费项目的审计更要慎重。

二、应交税费的舞弊形式与审查方法

在日常工作中，各种税的舞弊现象经常发生。比如，依据税法规定，一般纳税人的税款金额须在款项付讫后才可以抵扣。企业为了逃避税款，在款项不足付款或不愿付款的情况下，企业领导授意财务人员用以前年度或以前已做抵扣下账的付款存根或未用支票存根对日期进行改动后作为抵扣款凭证，这是企业为了套取税款的一种非法行为。这里，我们以企业常用的增值税、消费税、企业所得税为例，向读者介绍其具体的舞弊形式和防范方法。如表 3-12 所示。

表 3-12　应交税费舞弊形式及审查方法说明表

税种	舞弊形式	审查方法
增值税	◇利用不正当手段取得虚假增值税发票抵扣增值税。 ◇利用有关业务关系的小规模纳税人以一般纳税人的名义从供货方取得增值税发票进行抵扣。 ◇为小规模纳税人和其他一般纳税人出具增值税发票，为其偷漏税款提供方便。	◇审查其课税对象。 ◇审查其计税依据。 ◇审查增值税适用税率。 ◇审查增值税进项税额。 ◇审查增值税应纳税额。 ◇审查增值税减税免税。
消费税	◇不按税法规定，从低纳税，将自产应税消费品转移到生活福利费上。 ◇销售应税消费品时，价格偏低，无固定价格。 ◇有意改变应税消费品的档次、规格。	◇审查被查单位的消费税税率是否依税法规定，有无从低纳税现象。 ◇审查被查单位计税依据是否只包含收入，而不包含其收取的价外费用。 ◇审查纳税人是否将自产应税消费品转移到生活福利费等方面，长期欠税。 ◇审查进口消费品应纳的消费税是否于报关进口时纳税，有无拖欠、欠缴的行为。 ◇审查销售消费品价格是否偏低而无正当理由，或者是否无固定价格。 ◇审查纳税人出口消费品折让、退回时，是否在对内销售时补交消费税。 ◇审查纳税人是否有减免税的行为。 ◇审查纳税人是否有意改变或掩饰应税消费品的档次、规格，以达到偷漏税目的。

续表

税种	舞弊形式	审查方法
企业所得税	◇降低关联企业间的交易价格逃税。 ◇以白条冲抵产成品库存逃税。	◇制定合理的企业所得税审计目标，为实现企业所得税审计指明方向。 ◇确定科学的企业所得税审计程序，使企业的所得税审计不偏离审计目标并有条不紊地进行，从而提高审计工作质量。 ◇及时对企业所得税业务控制审计，为实现企业所得税审计目标打下坚实的基础。 ◇重视对企业所得税业务处理流程审计，最大限度地降低审计风险。

三、例题分析

例题一：（1）资料概述。审计人员在审查北京 ABC 有限公司“应交税金——应交增值税”明细账时，发现 2010 年 6 月 14 日第 57 号凭证记载给职工宿舍安装空调 10 台，空调的购入价格为每台 3 000 元，后附有一张出库单，凭证并无结转购进的进项税额，审计人员怀疑其借此偷逃税款。

2010 年 6 月 14 日，第 57 号凭证，为职工安装空调

借：应付职工薪酬——福利费　　　　30 000
　　贷：库存商品——空调　　　　　　30 000

（2）问题分析。本单位领用的材料商品等自用时，应将其含有的增值税进项税额转出，不得当做一般销售抵扣销项税额。审计人员分析 ABC 有限公司没有将用于自用空调的进项税额 5 100 元转出，违反相关法律法规规定。公司为使得年末少交增值税，故意没有结转自用商品的增值税进项税额。公司领导对此供认不讳，审计人员鉴于其认罪态度好，责令其尽快改正。

（3）调账处理。

借：应付职工薪酬——福利费　　　　5 100
　　贷：应交税金——应交增值税（进项税额转出）　　5 100

例题二：（1）资料概述。审计人员在审查北京光明有限公司“应交税金——应交增值税”明细账时，发现2010年10月12日第72号凭证记载卖给A公司L设备5台，合同规定每台售价6万元，同时每台加收1 000元的手续费。当日收到A公司签发的35.1万元的转账支票，后附有一张银行进账单；10月14日第78号凭证收到A公司的手续费5 000元，公司将其计入营业外收入，后附有一张银行进账单。审计人员怀疑其中有偷税漏税的行为。

2010年10月12日第72号凭证，销售设备

借：银行存款　　　　　　　　351 000
　　贷：主营业务收入　　　　　　　　300 000
　　　　应交税金——应交增值税（销项）　51 000

2010年10月14日第78号凭证，收到手续费

借：银行存款　　　　　　　　5 000
　　贷：营业外收入——手续费　　　　5 000

（2）问题分析。审计人员分析，同一笔业务，为何A公司会因为5 000元而分次支付？同时，根据相关会计准则的规定，卖出货物时收到相关手续费，应计入销售收入中，同时还应缴纳相应的税金。因此，光明公司少确认收入5 000元及少缴纳增值税850元，财务主管对上述事实供认不讳。也就是说，公司领导为少缴纳增值税，故意将属于销售收入的手续费计入到“营业外收入”中，以偷逃税金。

（3）调账处理。

借：营业外收入——手续费　　　　5 000
　　贷：主营业务收入　　　　　　　　4 150
　　　　应交税金——增值税（销项）　　850

例题三：（1）资料概述。审计人员在审查北京ABC有限公司“应交税金——应交增值税”明细账时，发现2010年2月11日第20号凭证记载ABC公司捐赠给H公司2台C设备，每台价值2万元，计入收入价值为4万元，

结转成本2.4万元。在该笔业务中，审计人员未发现应缴纳的增值税，审计人员怀疑其有偷逃税款的行为。

2010年2月11日，捐赠设备，第20（1）号凭证

借：营业外支出　　　　　　40 000
　　贷：主营业务收入　　　　40 000

2010年2月11日，结转成本，第20（2）号凭证

借：主营业务成本　　　　　24 000
　　贷：库存商品——C设备　24 000

（2）问题分析。审计人员分析，根据相关会计法规的规定，无偿捐赠固定资产等自有资产时，应缴纳增值税，审计人员询问会计人员，其承认企业为少交增值税，故意不记录增值税，偷逃税款。

（3）调账处理。

补交增值税

借：营业外支出　　　　　　　　　　　　6 800
　　贷：应交税金——应交增值税（销项）　6 800

例题四：（1）资料概述。2014年2月，审计人员对某食品生产企业2013年度纳税情况进行检查。在进驻该公司之前，审计人员通过对财务报表等基本会计资料的检查，发现该公司2013年实现利润总额120万元。

（2）问题分析。审计人员对该公司2013年度的财务报表进行了分析，发现销售毛利率有明显的反常行为。10月份毛利1 500 000元，11月份毛利1 800 000元，而12月份毛利却亏损900 000元。这三个月的销售收入相差不大，12月份突然亏损的原因是什么？带着这个疑点，审计人员对商品销售成本账户进行了重点审查。经检查发现，该公司2013年12月份除正常结转销售成本外，又在12月30日转入4 380 000元，所以造成亏损。经审阅查证，该笔钱是由“待处理财产损益”账户转入的，是火灾造成的损失。经进一步检查发现保险公司已同意赔偿2 500 000元的损失。根据商品流通企业会计制度的规定，自然灾害等非正常原因造成的损失，应将扣除残料价值和保险公司赔

偿后的净损失，借记“营业外支出——非常损失”科目，贷记“待处理财产损益”科目。审计人员得出结论，该公司通过多级商品销售成本的方式偷漏所得税款2 500 000×33%＝825 000（元）。因此，该公司应补交企业所得税825 000元。上述例题中的行为是“多计商品销售成本，偷逃所得税”的舞弊形式。

（3）调账处理：

第一步，调整对应收保险赔款的账务处理：

借：其他应收款　　　　　　2 500 000
　　贷：以前年度损益调整　　2 500 000

第二步，对补缴企业所得税进行账务处理：

借：以前年度损益调整　　　　　　825 000
　　贷：应交税费——应交所得税　　825 000
借：应交税费——应交所得税　825 000
　　贷：银行存款　　　　　　　825 000

第三步，对该公司盈余公积提取的账务处理：

借：利润分配——提取盈余公积　　167 500
　　贷：盈余公积　　　　　　　　　167 500

例题五：（1）资料概述。某企业是小规模纳税人。2013年11月，有群众来信举报称该企业存在少做收入以此偷逃税款的行为，审计机关根据群众举报的线索，决定成立专门小组对该企业的纳税情况进行全面检查。审计人员通过收集、整理该单位的纳税申报表、财务报表等资料了解到：该企业共有职工86人，但全年产品销售收入仅有36万元左右，这样，即使将收入全部支付工资，每个员工年收入也极其微薄。这使检查人员对该企业产品销售收入账户核算情况产生了怀疑。

（2）问题分析。审计人员重点检查了该企业的产品销售问题，通过查阅有关资料、核实有关实物、询问有关人员等手段查清了该企业匿报销售收入的情况。该企业实现产品销售后，将产品销售收入减去材料成本后的差额计入销售账户，共计少报销售额2 532 120元。已开出的销售发票，计入其他应付款账户，有意少报销售收入 735 240 元。将实现的销售收入 234 227 元不计入销售账户而记入预收账款，以逃避纳税义务。以上三项共计偷逃税款［（2 532 120+735 240+234 227）÷（1+3%）］×3%＝101 988（元）。

（3）调账处理：该企业应补缴增值税税款 101 988 元，并做如下会计分录：

借：主营业务成本　2 532 120
　　其他应付款　735 240
　　预收账款　234 227
　　贷：主营业务收入　3 501 587
　　　　应交税费——应交增值税　101 988
借：应交税费——应交增值税　101 988
　　贷：银行存款　101 988

例题六：（1）资料概述。审计人员在对某一般纳税人企业进行审查时，发现该企业据以计算进项税额的运费的凭证中没有标明运输物品的发票金额共计 95 万元和标明运送自己物品的运费共计 45 万元。经调查这些运费的单据都是销售产品取得的，其中一部分发票应企业要求没有填写运输产品的名称。

（2）问题分析。根据《税收征管法》的有关规定，该企业应将销售产品运费的 140 万元作外购货物运费的处理，补偿税款 14 万元并处以 5 倍以上罚款。

（3）调账处理。经过调查，做调账分录为：

第一步调整材料成本并冲销多计提的进项税

借：销售费用　1 400 000
　　贷：原材料　1 260 000
　　　　应交税费——应交增值税（进项税额）　140 000

第二步记录税务罚款

借：营业外支出——税务罚款　700 000
　　贷：银行存款　700 000

第三步上缴税款

借：应交税费——应交增值税（已交税金）　　140 000
　　贷：银行存款　　　　　　　　　　　　　　140 000

第四章

所有者权益类账户审计

第一节　实收资本的审计

一、实收资本

实收资本是指投资者按照企业章程，或合同、协议的约定，实际投入企业的资本。

实收资本审计主要是对资本金制度执行情况的审计，对明确企业投资人对企业净资产的所有权和企业的清算核查具有重要的意义。

二、实收资本的舞弊形式

实收资本中常见的舞弊形式表现为八种，具体如表 4-1 所示。

表 4-1　实收资本舞弊形式说明表

舞弊形式	具体表现
出资方式及形式的舞弊	◇投资者以抵押物作为投入资本，骗取企业投资收益，给接受投资的企业带来经营风险和损失，也给企业的其他投资人带来了潜在风险，同时也损害了企业债权人的利益。 ◇有些企业诱使验资机构出具增加无形资产的虚假证明，骗取注册登记，以致影响企业的正常运作。 ◇在中外合资企业和中外合作经营企业中，外方投资者经常用陈旧、落后的机器设备和技术，甚至废弃的物资出资。
出资数额和比例的舞弊	◇有的企业不具备符合国家规定并与其生产经营和服务规模相适应的资本数额。

续表

舞弊形式	具体表现
出资缴纳期限的舞弊	◇有些企业的投资者不能如期缴纳所计缴的股本，甚至故意拖欠所认缴的股本，损害其他投资者的利益，也影响了企业的正常经营。
出资依据的舞弊	◇有些企业出资没有相应的原始单据，做虚假投资；有的投资者伪造、涂改、变造投资的依据。
不合理的投入资本作价	◇有些企业对投入的实物和无形资产未经注册会计师验资并出具验资报告，而由企业或投资者任意作价，故意高估个人和外商投资，低估国家投资；或者未按国家规定的程序和方法对投入实物或无形资产进行验资，造成验资报告和验资结果不真实、不正确。
资本增减变动的舞弊	◇有些企业的投资者随意抽走资本；有些企业不符合增资和减资的条件，或不履行增资或减资的手续，而任意增资或减资。
不正确的资本分类	◇有些企业将国家投资转入其他投资主体的账户，普通股和优先股的分类不正确，投入资本和借入资金的划分不正确，实收资本和资本公积的划分不正确等。
投入资本会计处理的舞弊	◇投入资本的会计处理不正确，直接造成会计舞弊的产生。

三、实收资本舞弊审查方法

企业实收资本业务中可能出现的舞弊应当按照一定的审查程序进行，具体如表 4-2 所示。

表 4-2　实收资本舞弊的审查方法

程序	方法	具体说明
1	对实收资本内部控制制度的健全性和有效性进行审查。	◇可编制实收资本内部控制制度调查表，来对企业实收资本内部控制制度是否存在和被遵守的情况进行鉴定。
2	分析比较实收资本账户余额的变动情况。	◇应将本期实收资本账户余额的实际数与上期进行比较，将本期实际数与资本预算和现金预算进行比较，通过比较分析有无异常的情况，并对此做出进一步检查。

续表

程序	方法	具体说明
3	检查实收资本业务是否合法。	◇检查企业投资者的出资方式是否符合企业的章程、合同和国家有关法律法规的规定。 ◇检查出资依据是否合法。 ◇检查企业章程、合同、招股说明书等有关文件中关于出资比例的规定是否合规，再检查企业"实收资本（股本）""银行存款""固定资产"等相关账簿和有关规定的批文等凭证，以判断投资者的实际出资与企业章程、合同、招股说明书等是否一致。
4	检查实收资本的真实性。	◇应将"实收资本（股本）"明细账、有关的资产账户、原始凭证进行核对，检查其是否一致。
5	检查实收资本的完整性。	◇查证时应将"实收资本（股本）"明细账、有关资产账户核对后的余额再与股本的备查账簿和有关的原始文件的记录进行核对，判断企业是否遗漏了股本业务。
6	检查实收资本的计价和会计处理是否正确。	◇检查企业是否按出资者的类型正确设置了明细分类账，有无错记、漏记和舞弊的行为。 ◇检查企业股票按面值发行时的发行费用是否作为开办费处理，溢价发行的溢价收入和扣除发行费用的余额是否全部计入"资本公积"账户。 ◇检查企业股份制改造时，改组后的企业是否全部承担了原企业所有的资产和负债，净资产的作价入股是否正确。

四、例题分析

例题一：（1）资料概述。审计人员在审查北京光明有限公司"实收资本"明细账时，发现2010年12月3日第97号凭证贷方发生额为20万元，但二级科目并没有注明投资单位（人），其对方科目为"银行存款"，后附有一张"银行进账单"，审计人员怀疑其中有作假行为。

2010年12月3日，第97号凭证，收到资本

借：银行存款　　　　　　　　200 000

　　贷：实收资本　　　　　　　　200 000

（2）问题分析。审计人员分析，作为实收资本是企业所有者权益投资的

凭证，公司应对其进行分类管理，而光明公司在“实收资本”中并没有对其进行明细管理。这不可能是公司疏忽造成的，其背后一定隐藏着不可告人的秘密。

审计人员电函了D公司的领导，其证实D公司在2010年12月3日购入光明公司的A设备，价值20万元，当天汇出了款项。在事实面前，光明公司承认隐瞒收入，偷逃税款，增加了资本金。

（3）调账处理。

借：实收资本　　　　　　　　　　200 000
　　贷：主营业务收入　　　　　　　　170 900
　　　　应交税金——增值税（进项税）　29 100

例题二：（1）资料概述。审计人员在审查某新办企业时发现该企业“银行存款”账户上余额为120万元，实际生产经营中却现金周转困难。审计人员怀疑投资人以现金投入的资本未实际到位。

审计人员查阅了“实收资本”下的明细科目，其中实收资本——A公司明细账上注明投入现金100万元，向会计人员索要原始凭证——银行存款回单，会计人员无法出示。于是与银行取得联系，银行告知并未收到一笔A公司汇入该企业的100万元款项；再与A公司联系，A公司承认并未将款项汇出。

（2）问题分析。审计人员发现，该企业投资者A公司未将认缴的份额缴足，致使生产经营出现困难，而且该企业会计人员核算不合规范，随意记账，导致产生“缴股份额未缴足”的舞弊形式。

（3）调账处理。该企业应督促A公司缴足投资份额100万元，如该行为致使企业受到损失，按规定向A公司要求赔偿。收到投资前，做如下会计分录：

借：实收资本——A公司　　1 000 000
　　贷：银行存款　　　　　　1 000 000

经银行证实实际收到投资后，再做相反记录。

例题三：（1）资料概述。审计人员在审查某企业“实收资本”总账时，发现贷方有80万元发生额，但摘要内容没有注明谁是投资者，对应科目为“银行存款”，时间为2013年9月5日，查账时间为9月20日。审计人员对没有注明投资者的情况感到疑惑，怀疑有转移收入的可能。

（2）问题分析。审计人员查阅了9月5日借记银行存款的会计凭证，得知付款单位为某建筑公司，被查企业恰好生产建筑材料，会计部门无有关此笔存款的更多资料。经与付款单位联系，知其购买该企业产品，价值80万元，于9月4日汇出。返回查阅该企业销货合同，证实80万元实为销货收入。

审计人员向会计人员出示有关证据，会计人员承认想隐瞒该笔收入，少交税款，故将应作销售收入的80万元增添了资本金，导致了“增加自由资金，转移收入”的舞弊形式。

（3）调账处理。由于在9月底前查出问题，并未影响到实际税收。只需调回到销售收入，减少资本金即可。可做如下会计分录调整：

借：实收资本　　　　800 000

　　贷：主营业务收入　　800 000

例题四：（1）资料概述。审计人员在审查某公司当年的“实收资本”账户时，发现如下一笔账务处理：

借：银行存款　　　　500 000

　　贷：实收资本　　　　500 000

该公司是当年成立的新公司。该笔50万元是投资者第二次投入的资本，时间符合要求，但是，查账人员在追查该分录的原始凭证时，却没有找到当时的银行入账单。审计人员进一步查对了近期的银行对账单，也没有发现该笔入账，通过函证也证实该笔投资从未进账。同时，查账人员在检查银行存款日记账时，发现有一笔同样数目的贷方发生额，对应科目是“其他应收款”，追查到记账凭证为：

借：其他应收款——某股东　　500 000

　　贷：银行存款　　　　　　500 000

同样，这笔分录也没有相应的银行支付或支票存根凭证。

（2）问题分析。这显然是一笔假投资，并抽出资本的行为。即使某股东真正投入了50万元，但其借出的行为也是十分令人怀疑的。通过取证，可以确信，某股东从未投入该笔资本。

（3）调账处理。

借：实收资本　　　　　　　　500 000
　　贷：其他应收款——某股东　　500 000

例题五：（1）资料概述。审计人员在2011年年末查账时发现该企业本年12月"实收资本"账户的借方发生额有50 000元，摘要栏却没有记载任何内容。调阅该企业相应的会计凭证，记账凭证上的会计分录为：

借：实收资本　　　　　　　　50 000
　　贷：待处理财产损益　　　　　50 000

调阅了"待处理财产损益"明细账户，发现该账户有一笔发生额正好是50 000元，查看相应的会计凭证，会计分录为：

借：待处理财产损益　　50 000
　　累计折旧　　　　　15 000
　　贷：固定资产　　　　　65 000

所附原始凭证为一张"固定资产盘点表"，盘亏一台价值65 000元的设备，已提累计折旧15 000元。

（2）问题分析。该企业为了减少亏损，把固定资产盘亏金额抵减了实收资本。

（3）调账处理。经过调查，查账人员要求企业做调账处理，会计分录如下：

借：营业外支出　　50 000
　　贷：实收资本　　　50 000

第二节　资本公积的审计

一、资本公积

资本公积（capital reserves）是指企业在经营过程中由于接受捐赠、股本溢价以及法定财产重估增值等原因所形成的公积金。资本公积是与企业收益无关而与资本相关的贷项。资本公积是指投资者或者他人投入到企业、所有权归属于投资者、并且投入金额上超过法定资本部分的资本。资本公积审计就是指对企业按规定取得的资本公积金（或称投资公积金）所进行的审查。

二、资本公积的舞弊形式

资本公积的舞弊形式主要有三种，具体如表 4-3 所示。

表 4-3　资本公积的舞弊形式

舞弊形式	具体表现
账户内容不完整	◇将资本溢价或股本溢价作为当期收益或计入实收资本，而没有计入“资本公积——资本（或股本溢价）”账户，从而损坏了其他投资者的利益。 ◇将法定财产重估增值、接受捐赠的资产等计入“营业外收入”“其他业务收入”等账户。 ◇截留接受捐赠的资产作为“小金库”，用于不合理的开支；或计入“应付工资——员工福利”，用于发放职工福利。
账户内容不真实	◇将法定财产重估减值冲减资本公积，而不是作为“营业外支出”处理。有些企业未经国家财税部门和国家资产管理部门的批准，自行安排财产重估，将评估增值作为资本公积计入相应账户，增加企业所有者权益总额。 ◇企业为了逃避所得税，将本应该计入当期损益的项目计入资本公积。
资本公积使用的会计舞弊	◇有些企业在不符合增资条件，未经批准和办理有关手续的情况下，擅自将资本公积转增资本。 ◇有些企业竟将资本公积挪作他用，用于集体或职工福利。

三、资本公积舞弊的审查方法

鉴于上述资本公积出现的舞弊形式，我们总结了以下四种审查内容。如表 4-4 所示。

表 4-4 资本公积舞弊的审查方法

审查方法	具体说明
分析比较资本公积账户余额变动情况	◇将本期资本公积账户余额的实际数与上期进行比较，将本期实际数与资本预算和现金预算进行比较，通过比较，分析有无异常的情况，并对此做进一步检查。
资本公积的形成是否合法	◇对资本溢价，应检查企业是否按实际出资额扣除其投资比例所占的资本额计算；对于股本溢价，应检查企业是否按股票发行价格与其面值的差额扣除发行股票的手续费、佣金后的金额计入资本公积。 ◇对于捐赠资本公积，应检查所捐赠的资产是否办理了移交手续，其计价是否取得了有关单据或评估确认，是否办理了验收手续。 ◇对于法定财产重估增值的资本公积，应检查企业资产重估是否符合法定财产重估范围且办理了审批手续；评估机构是否具有国家规定的评估资格；评估的方法和评估的结果是否科学合理。 ◇对于资本折算差额资本公积，应检查企业的资本折算汇率是否经董事会批准并由投资各方认可且载入了企业章程或投资合同；外币资产的折算汇率是否按出资当日的国家外汇牌价或当月 1 日的国家外汇牌价折算。
资本公积的使用是否合法	◇检查企业的资本公积是否按规定转增资本，在转增资本时是否经董事会决定并报工商行政管理机关办理增资手续，实际增资额与批准的数额是否一致，企业有无挪用资本公积的情况，如将资本或股本溢价用于发放股利，将资本公积用于集体、职工福利。
资本公积的真实性和完整性	◇检查企业接受投资的财产清单、接受捐赠的财产清单、报关单、企业对外投资或产权变动进行资产评估的有关报告以及办理增资的有关审批文件，并与征集的总账和明细账进行核对，确定是否账证相符，账账一致。

四、例题分析

例题一：（1）资料概述。审计人员在审阅某企业“资本公积”明细账时，发现借方记录内容有一项是“职工宿舍扩建”，金额为15万元，账中贷方科目为“银行存款”。根据该账务处理，审计人员怀疑该企业资本公积可能使用不当。审计人员了解到该企业改善职工福利条件，扩建了宿舍。扩建采取承包形式，一次性支付给承包方15万元，宿舍现在已交付使用。审计人员查看承包协议，金额也为15万元，并且查看了记账凭证所附的原始凭证，原始凭证中有一张付款委托书回单，回单中注明的付款理由是给某建筑公司承包扩建宿舍费。

（2）问题分析。利用资本公积账户支付职工福利费。

（3）调账处理。向会计人员说明理由后，会计人员承认核算不当，并做出相应账务调整，其会计分录如下。

借：固定资产　　　　　　　150 000
　　贷：资本公积　　　　　　　150 000
借：盈余公积——法定公益金　　　150 000
　　贷：盈余公积——任意盈余公积　　150 000

例题二：（1）资料概述。审计人员在审查某股份有限公司注册资本时，发现其在工商行政管理部门注册资本为2 000万元人民币，每股面值为1元，但“实收资本”账面余额为4 000万元。审计人员怀疑其有漏记资本公积的问题。

（2）问题分析。经询问，该公司并没有再发行股票，也没有办理增资手续。调阅该笔会计分录的记账凭证所附的原始凭证，是一张银行存款回执，金额为人民币4 000万元。该公司发行的股票是溢价发行，发行价格为2元/股。审计人员认定会计人员对实收资本的核算不正确。该公司混淆了注册资本与资本公积的关系，虚增了注册资本，漏记了资本公积，不符合会计规定。

（3）调账处理。应该把4 000万元分为“实收资本”和“资本公积”两部分，“实收资本”只核算按股票面值计算的价值，应做如下调整：

借：实收资本　　　　20 000 000
　　贷：资本公积　　　　20 000 000

例题三：（1）资料概述。审计人员在对某公司的资本公积进行审查时，发现该公司的注册资本为500万元，每股面值为1元。在审阅实收资本总账时发现其余额为550万元。但该公司没有再发行过股票，也没有增资的情况，故审计人员觉得有问题。调阅相应的会计凭证，该记账凭证上的会计分录为：

借：银行存款　　　　5 500 000
　　贷：实收资本　　　　5 500 000

所附原始凭证为一张金额为5 500 000的银行存款回执单。该公司采用的是溢价发行的方式，发行价格为1.10元/股。

（2）问题分析。该企业的会计人员对注册资本、实收资本、资本公积的概念混淆不清，造成公司虚增资本、漏记资本公积。

（3）调账处理。经过调查，该企业会计人员做调账分录如下：

借：实收资本　　　　500 000
　　贷：资本公积　　　　500 000

例题四：（1）资料概述。审计人员在对某公司2011年上半年的“营业外收入”明细账进行审查时，发现4月发生的一笔业务摘要内容为“接受捐赠”，金额为100 000元。调阅该业务的记账凭证，其会计分录如下：

借：银行存款　　　　100 000
　　贷：营业外收入　　　　100 000

所附原始凭证为两张单据，一张为捐赠协议，另一张为银行存款回执。

（2）问题分析。会计人员将应列入“资本公积”账户的业务列入“营业外收入”，账户使用不正确，并虚增了企业利润。

（3）调账处理。经过调查，做调账分录如下：

借：营业外收入　　　　100 000
　　贷：资本公积　　　　100 000

第三节　盈余公积的审计

一、盈余公积

盈余公积是指企业从税后利润中提取形成的、存留于企业内部、具有特定用途的收益积累。盈余公积根据其用途不同分为公益金和一般盈余公积两类。公益金专门用于企业职工福利设施的支出，如购建职工宿舍、托儿所、理发室等方面的支出。按照现行制度的规定，公司制企业按照税后利润的5%~10%的比例提取法定公益金。

二、盈余公积的舞弊形式

盈余公积业务经常出现的会计舞弊主要包括账户内容不真实、账户提取不正确、盈余公积使用错误等，具体说明如表4-5所示。

表4-5　盈余公积舞弊形式说明表

舞弊现象	具体表现
账户内容不真实	◇有些企业为了逃避所得税，将本应该计入当期损益的项目计入盈余公积，通常的做法是将无法支付的应付账款、资产盘盈、罚没收入等计入盈余公积。
账户提取不正确	◇提取的顺序和基数不正确。按现行制度规定，盈余公积应用税后利润弥补以前年度亏损，扣除没收财产的损失、支付滞纳金和罚款后的余额提取。 ◇提取比例不正确。根据规定，企业按10%的比例提取法定盈余公积，当法定盈余公积未达到企业注册资本的50%时，不得停止计提；企业公益金的提取比例是5%~10%。 ◇列支的渠道不正确。有些企业直接从成本费用中提取，而不是从税后利润中按比例提取。
盈余公积使用错误	◇使用的审批手续不全，不符合国家规定。 ◇将盈余公积挪作他用，如用于发放奖金、弥补超支的福利费等。

三、盈余公积舞弊的审查方法

企业盈余公积业务舞弊的查证程序如图4-6所示。

图 4-6 盈余公积舞弊的查证方法

1	◇对盈余公积内部控制制度的健全性和有效性进行鉴别。
2	◇分析比较盈余公积账户余额的变动情况。
3	◇检查盈余公积的提取。
4	◇检查盈余公积的使用是否符合规定并经过批准。
5	◇检查盈余公积的会计处理是否正确。

四、例题分析

例题一：（1）资料概述。审计人员在审查某企业“盈余公积”账户时，发现该企业在审查年度提取了法定盈余公积和公益金各为 12 850 元，而会计凭证显示提取比例为 5%，因此，审计人员怀疑该企业没有按规定比例提取法定盈余公积金。

（2）问题分析。上述示范中的行为是“未按规定计提法定盈余公积金”的舞弊形式。首先，审计人员查阅了“实收资本”账户，确定企业的实收资本为 4 400 000 元，又从“法定盈余公积”明细账查知当年的期初余额为 11 000 000元，未达到资本总额的 50%；其次，审计人员还调阅了有关“本年利润”和“利润分配”账户，了解到该企业当年实现净利润为 260 000 元，有“罚没损失” 3 000 元；根据上述数据，企业应提取法定盈余公积为（260 000-3 000）×10%＝25 700 元。该企业未按规定的 10%提取法定盈余公积，少计提了 12 850 元。

（3）调账处理。企业应补提法定盈余公积，会计分录如下：

借：利润分配——未分配利润　　　12 850

　　贷：盈余公积——法定盈余公积　　12 850

例题二：（1）资料概述。某企业 2013 年 11 月将由于债权人 A 公司原因无法支付的应付账款 14 万元做了如下账务处理。

借：应付账款——A 公司　　140 000

　　贷：盈余公积　　　　　　140 000

（2）问题分析。上述例题中的行为是“无法支付负债列入盈余公积，偷逃税款”的舞弊形式。审计人员应根据“盈余公积”有关明细账户记录的摘要说明及有关内容发现问题，然后调阅会计凭证，进行查证。例题中的问题表现在对由于债权人的原因无法支付的有关负债应列作资本公积，而该企业却列入盈余公积，这样就漏缴了有关税款。

（3）调账处理。对于查证此类问题，应根据其具体形态做出账务调整，假设该笔营业外收入形成利润后企业可提取盈余公积 20%，即 28 000 元；上缴 33%的所得税，即 46 200 元；应付利润和应交特种基金 47%，即 65 800 元，可做如下会计分录：

借：盈余公积　　　　　　　　112 000
　　贷：应交税费——应交所得税　46 200
　　　　应付利润——A 公司　　　65 800
借：应交税费——应交所得税　　　46 200
　　应付利润——A 公司　　　　　65 800
　　贷：银行存款　　　　　　　　112 000

例题三：（1）资料概述。审计人员在审查某公司 2011 年的账目时，发现该公司的注册资本为 1 000 万元。经批准将当年账面盈余公积余额 600 万元转增资本，使该公司 2012 年 1 月 1 日的注册资本达到 1 600 万元，而盈余公积余额为零。

调出该业务的记账凭证，其会计分录为：

借：盈余公积　　　　6 000 000
　　贷：实收资本　　　6 000 000

如果按该公司上述的账务处理，2012 年 1 月 1 日盈余公积金余额为零，不符合有关规定。

（2）问题分析。根据有关规定，盈余公积增资必须具备一定的手续和条件，必须由企业权力机构及政府有关部门进行审批，转增资本或分配股利后，法定盈余公积金不得低于注册资本的 25%。

（3）调账处理。根据法定盈余公积金不得低于注册资金的 25%的规定，企业盈余公积金的余额至少应为 400 万元。

借：实收资本　　　4 000 000
　　贷：盈余公积　　　4 000 000

例题四：（1）资料概述。审计人员在某公司2011年上半年的利润分配合规性进行检查，发现“盈余公积——法定盈余公积”的贷方发生额比规定比例计提额多出了18 000元。审计人员调阅了所有的记账凭证及所有原始凭证，发现银行收账通知单一张，具体内容为收到罚款收入18 000元。经询问，要求再提供罚款凭证时，该公司才将一份未履行的合同及依次收到罚款的情况说明并提交出来，经过确认，该项业务实为罚款收入。

（2）问题分析。该公司将罚款收入列作盈余公积，违反了会计准则的规定，偷漏了所得税。

（3）调账处理。做调账分录如下：

借：盈余公积——法定盈余公积　　　18 000
　　贷：以前年度损益调整　　　　　　18 000

补交所得税，税率为25%：

借：以前年度损益调整　　　　　　4 500
　　贷：应交税费——应交所得税　　　4 500

第四节　利润分配的审计

一、利润分配

利润分配，是将企业实现的净利润，按照国家财务制度规定的分配形式和分配顺序，在企业和投资者之间进行的分配。利润分配的过程与结果，是关系到所有者的合法权益能否得到保护，企业能否长期、稳定发展的重要问题，为此，企业必须加强利润分配的管理和核算。企业利润分配的主体是投资者和企业，利润分配的对象是企业实现的净利润。

二、利润分配的舞弊形式

利润分配业务经常出现的会计舞弊主要包括顺序舞弊、标准舞弊和亏损弥补会计舞弊三大类，具体如表 4-7 所示。

表 4-7　利润分配舞弊形式

舞弊形式	具体表现
顺序舞弊	◇有些企业采取优先提取法定公积金，再向股东分配利润，然后用税后利润弥补亏损的分配顺序。这样会导致企业在亏损越来越大时，仍在大肆提取法定公积金和任意公积金，将企业的资金流进私人腰包，或进行不合理的企业设施建设等。
标准舞弊	◇有些企业私自提高计提比例，擅自改动其计提基数，造成利润分配不合规、不真实。 ◇有的企业在法定盈余公积已超过资本总额的 50%之后，仍旧提取法定盈余公积。 ◇有的企业在不应分配股利的情况下，出于某种目的，向投资者发放股利，或发放比例高于 6%。
亏损弥补会计舞弊	◇该用税后利润或法定盈余公积弥补的年度亏损却用税前利润弥补了，从而少缴纳所得税，或者企业亏损不予弥补，虚拟利润，一旦承包期满，承包人卸职后，才发现企业已经亏空。

三、利润分配舞弊的防范方法

根据利润分配舞弊形式，我们总结了三种审查方法，具体如表 4-8 所示。

表 4-8　利润分配舞弊的审查方法说明表

审查方法	具体说明
审核分配顺序	◇分配顺序为：按照税法规定弥补以前年度亏损→缴纳所得税→弥补在税前利润弥补亏损之后仍存在的亏损→提取法定公积金→提取任意公积金→向股东分配利润。
审核分配标准	◇审计人员应审阅利润分配的会计凭证中所反映的分配基数和计提比例，并将其与有关规定进行核对。 ◇提取法定盈余公积时，还应看其是否已达到注册资金的 50%。 ◇对于在当年无利润的情况下放股利的股份有限公司，还应对其分配股利之后的企业法定盈余公积是否低于注册资金的 25%进行核对。 ◇结合被查单位有关具体情况，审核其上报的利润分配比率是否适合企业实际概况、特点，从而查清问题。

续表

审查方法	具体说明
审核亏损弥补	◇查证此类舞弊，审计人员应审阅从亏损发生年度到本年盈利及补亏资料，以分析当年的用税前利润补亏是否合理；了解用利润弥补亏损的期限及该企业的实际情况；检查有无不弥补亏损的现象。

四、例题分析

例题一：（1）资料概述。审计人员在审阅某食品生产企业2013年“利润分配”账户时，发现该企业2013年发生滞纳金2 000元，提取盈余公积7 800元，提取公益金7 800元，分配投资者利润40 000元，最后剩余未分配利润38 000元。审计人员不能肯定上述利润分配是否符合规定程序，需要确证。审计人员首先调阅了该企业2013年总账，发现该企业共计转出净利润12万元；然后，从“利润分配”明细账中查知提取盈余公积金和公益金的会计凭证号为452号，调阅该凭证，摘要表明：盈余公积金＝78 000×10%＝7 800（元）；公益金＝78 000×10%＝7 800（元），做如下会计分录：

借：利润分配——提取盈余公积　　7 800

　　　　　　——提取公益金　　7 800

　贷：盈余公积——法定盈余公积　　7 800

　　　　　　——公益金　　7 800

（2）问题分析。企业本年净利润为12万元，按照规定程序，企业应在支付滞纳金后提取盈余公积和公益金：（120 000－2 000）×10%＝11 800（元）。而实际上，该企业在分配投资者利润后才提取盈余公积和公益金：（120 000－2 000－40 000）×10%＝7 800（元）。审计人员就上述问题询问了相关会计人员，确认属于错账。

上述例题中的行为是“利润分配不符合规定程序，造成错账”的舞弊形式。

（3）调账处理。该笔错账，可做如下调整：

借：利润分配——未分配利润　8 000

贷：盈余公积——法定盈余公积　　4 000

——公益金　　4 000

例题二：（1）资料概述。审计人员在审查某股份有限公司的股利发放时，发现该公司对普通股和优先股发放了同等的 0.3 元/股的股利，而优先股的额定股利发放率为 5%，股票面值为 7 元/股，因此，未能保证优先股利润。

审计人员首先查阅了该公司的“股本”账户，了解到该公司发行了普通股 25 万股，面值 5 元/股；发行优先股 6 万股，面值 9 元/股。其次，查阅了“利润分配”账户，了解到该公司当年实现净利润 12 万元，没有罚没支出和未弥补亏损，已按规定提取了盈余公积和公益金，相关会计分录如下：

应付利润：0.3×250 000+0.3×60 000=93 000（元）

提取盈余公积=提取公益金=120 000×10%=12 000（元）

借：利润分配——未分配利润　　117 000

　　贷：利润分配——提取盈余公积　　12 000

　　　　——提取公益金　　12 000

　　　　——应付利润　　93 000

借：本年利润　　120 000

　　贷：利润分配——未分配利润　　120 000

（2）问题分析。该公司当年应发优先股股利为 7×5%=0.35（元/股），共 21 000 元。因此，少发放优先股股利 3 000 元。

（3）调账处理。

借：利润分配——未分配利润　　3 000

　　贷：应付股利——优先股　　3 000

例题三：（1）资料概述。查账人员对某公司 2011 年度的损益情况进行审查，在验算利润分配情况时，发现一笔奇怪的业务，会计分录如下：

借：应付职工薪酬——职工　　40 000

　　贷：利润分配——未分配利润　　40 000

查账人员于是调阅了相关的记账凭证，发现该记账凭证后面没有附任何的原始单据。

（2）问题分析。该公司由于年底想为职工发奖金，却没有资金来源，所以公司领导决定用未分配利润来支付，这样违反了未分配利润的处理原则。

（3）调账处理。经过调查，做调账会计分录如下：

借：利润分配——未分配利润　　　　40 000
　　贷：应付股利——职工　　　　　　40 000

例题四：（1）资料概述。某公司用 2012 年初“利润分配——未分配利润”账户的借方余额 40 000 元弥补了 2011 年度的亏损。

弥补上年度亏损做如下会计分录：

借：本年利润　　　　40 000
　　贷：盈余公积　　　　40 000

（2）问题分析。企业这样做后，“利润分配——未分配利润”账户仍然在借方，税务机关检查时将会怀疑企业有故意隐瞒利润、逃避纳税的行为。

（3）调账处理。做调账处理如下：

借：本年利润　　　　40 000
　　贷：利润分配——未分配利润　　　　40 000

例题五：（1）资料概述。审计人员在审查某企业 2011 年“利润分配”账户时发现，该企业当年接受 A 公司投资 100 万元、占企业实收资本总额 1 000 万元的 10%。当年该企业实现利润 170 万元，该企业按 170 万元的 10%分配给 A 公司利润。调阅该业务的记账凭证，会计分录为：

借：利润分配——应付利润　　　　170 000
　　贷：应付利润——某公司　　　　170 000

账面上记录表明，企业当年实际交纳所得税 400 000 元，提取盈余公积 150 000 元。

（2）问题分析。按《企业会计准则》的规定，企业应按应纳税所得额计算应纳所得税，按净利润额计提盈余公积和向投资者分配利润。该企业违反有关规定，利润分配顺序不正确，多向投资者分配利润，漏交所得税，少提盈余公积。

（3）调账处理。重新计算如下：

应补交所得税：1 700 000×25%－400 000＝25 000（元）

应减少盈余公积：150 000－［1 700 000×（1－25%）］×10%＝52 500（元）

应向 A 公司分配利润：1 700 000×（1－25%）×20＝255 000（元）

应减少分配给 A 公司的利润：255 000－170 000＝85 000（元）

假设在次年查清，做调账分录如下：

借：以前年度损益调整　　　　　　25 000
　　贷：应交税费——应交所得税　　　　25 000
借：利润分配——未分配利润　　　25 000
　　贷：以前年度损益调整　　　　　　　25 000
借：盈余公积——法定盈余公积　　52 500
　　贷：利润分配——未分配利润　　　　52 500
借：应付利润——A 公司　　　　　85 000
　　贷：利润分配——应付利润　　　　　85 000

第五章

损益类账户的审计

损益类账户是指按照损益类会计科目开设的，用以具体核算和监督企业生产经营过程中的收益和费用、损失，以便计算确定损益的账户。该类账户的特点是：其核算对象是与损益的计算确定直接相关的；主要是用来反映企业收入和费用。

第一节　主营业务收入的审计

一、主营业务收入

主营业务收入是指企业经常性的、主要业务所产生的基本收入，如制造业的销售产品、非成品和提供工业性劳务作业的收入；商品流通企业的销售商品收入；旅游服务业的门票收入、客户收入、餐饮收入等。主营业务收入是实现企业审查目的的基本条件，是补偿企业耗费的资金来源，也是反映企业资金利用效率的重要标志。因此，企业应加强对主营业务收入的全民管理和监督，保证所有收入都能及时入账，收到的款项都能如实记录或存入银行。

二、主营业务收入舞弊形式

主营业务收入常见的舞弊形式表现为四种，具体说明如表 5-1 所示。

表 5-1　主营业务收入的舞弊审查方法

舞弊现象	具体说明
发票管理不严发生的舞弊	◇为他人代开发票。 ◇舞弊者涂改或者撕毁产品销售发票。 ◇少开发票价格或者开具阴阳发票。 ◇在销售过程中，有关人员拒绝开具发票，为下一步舞弊或者欺诈做准备。
销售收入时间上的舞弊	◇会计人员的水平有限，将不应该记入收入的内容记录，或者没有将本应该确认为收入的内容记录。 ◇企业故意利用收入的时间来调节利润水平，如为了当年少缴纳税款，将本应今年确认的税收拖延到下一年再入账。 ◇企业故意将收入延迟入账，好拆借资金进行其他活动。
销售收入金额不准确	◇会计人员在核算上的错误。 ◇企业内部员工利用职务之便，故意少计，进行贪污。
其他舞弊	◇分支机构截留隐瞒销售收入。 ◇销售折扣和折让不入账。 ◇销售退回不入账。

三、主营业务收入舞弊的审查方法

对主营业务收入的舞弊的审查，通常采用审阅法、复合法、核对法、比较分析法和查询法等技术方法，具体说明如表 5-2 所示。

表 5-2　主营业务收入舞弊说明表

审查方法	具体说明
审阅法	◇审阅销售发票，检查其是否有涂改的迹象或与企业经营内容不符的内容。 ◇审阅销售发票的使用是否合理、合法。 ◇审阅销售价格是否合理、销售折让折扣业务计价的正确性。 ◇审阅销售货物退回业务是否合理、销售款项的回收是否及时。 ◇审阅主营业务收入的入账时间是否正确、检查主营业务收入明细账是否存在异常。 ◇审阅记账凭证，检查会计分录的编制是否正确。 ◇审阅在不同结算方法下，收入的确认是否按会计制度的要求执行。

续表

审查方法	具体说明
复核法	◇复核产品销售收入计算的正确性。 ◇复核主营业务收入明细账的本月合计数、本月累计数的数据计算是否正确。 ◇复核产品成本，看已销产品成本的结转是否正确。
核对法	◇将销售发票与销售合同及出库单进行核对，检查记录的产品或商品的名称、规格、数量、单价等是否相符，并验证相关数据的准确性。 ◇将记账凭证与所附的原始凭证进行核对，检查两者的内容是否相符。 ◇将主营业务收入明细账与会计凭证进行核对，检查记录的内容是否真实、正确。
比较分析法	◇将近期和上年同期主营业务收入进行比较，检查企业销售结构、产品售价是否正常、变动趋势是否正常、有无异常变动。 ◇比较分析近期和上年同期毛利率的变化情况，检查波动幅度是否有异常变化。
查询法	◇对销售业务有疑问的地方，可向经手人、知情人进行询问。 ◇还可电询或函证购货单位，了解业务真实性。

四、例题分析

例题一：（1）资料概述。审计人员在审查北京 ABC 有限公司会计报表时，发现 2010 年 8 月底利润明显下降，本是销售旺季，为何利润反而下降？当月市场也没有较大的波动，经查发现 8 月 11 日第 78 号凭证记账一笔银行存款，其暂存款为 93.6 万元，对方科目为“应付账款”，后附一张银行收账单和一张增值税发票。审计人员怀疑 ABC 有限公司故意隐瞒收入。

2010 年 8 月 1 日，暂存款：

借：没有银行存款　　　　　　　　936 000

　　贷：应付账款——M 公司　　　　　936 000

（2）问题分析。审计人员分析，假如是暂存款，为何后附凭证中还有一张增值税发票？审计人员询问公司的会计人员，其承认公司故意隐瞒收入的事实。公司为到年末少交税金而故意隐瞒收入，虚减利润。（所得税税率 25%）

（3）调账处理。（假如审计人员是在 2010 年 12 月 31 日结账日前发现该

错误）

借：应付账款　　　　　　　　　　　　　　936 000
　　贷：主营业务收入　　　　　　　　　　　800 000
　　　　应交税金——应交增值税（销项税额）　136 000

补提所得税：

借：所得税费用　　　　　　　　200 000
　　贷：应交税金——应交所得税　　200 000

补提盈余公积：

借：利润分配——未分配利润　　60 000
　　贷：盈余公积　　　　　　　　60 000

例题二：（1）资料概述。审计人员在审查北京 ABC 有限公司“主营业务收入”时，发现记账凭证上的数额和原始凭证不一致，经查发现 2010 年 7 月 22 日第 64 号凭证记载销售商品，售价 17.55 万元，其中 500 元却计入“其他应付款”中。审计人员怀疑公司将收入的金额计入错误。

2010 年 7 月 22 日，销售商品

借：银行存款　　　　　　　　　　　175 500
　　贷：主营业务收入　　　　　　　　150 000
　　　　应交税金——增值税（销项）　　25 000
　　　　其他应付款　　　　　　　　　　500

（2）问题分析。审计人员分析，为何在一项业务中，要将其金额相互分开呢？询问公司会计人员，其承认公司以“其他应付款”为借口，偷逃税款，这属于严重损害公司利益的行为。

（3）调账处理。

借：其他应付款　　　　　　　　　　500
　　贷：应交税金——增值税（销项）　　500

例题三：（1）资料概述。甲企业在 2013 年 10 月份与乙企业签订预收货款的销售合同，在该合同中规定：先由乙企业预付给甲企业货款及增值税共计 549 900 元。其中 2013 年 11 月预付 219 960 元，12 月份补付 274 950 元，2014 年 1 月补付 54 990 元。由甲企业向乙企业提供机床 10 台，其中 2013 年 12 月 6 台，2014 年 1 月份 4 台。甲企业增值税率 17%。上述业务发生后，甲企业的账务处理如下。

2013 年 11 月预收款项时：

借：银行存款　　　　　　　　219 960
　　贷：主营业务收入　　　　　188 000
　　　　应交税款——应交增值税　31 960

2013 年 12 月收到货款时：

借：银行贷款　　　　　　　　274 950
　　贷：主营业务收入　　　　　235 000
　　　　应交税费——应交增值税　39 950

2014 年 1 月收到货款时：

借：银行存款　　　　　　　　54 990
　　贷：主营业务收入　　　　　47 000
　　　　应交税费——应交增值税　7 990

（2）问题分析。上述示范中的行为属于“主营业务收入不按规定时间入账”的舞弊形式。根据上述审计线索，审计人员应根据销售合同的规定，审阅与该项业务有关的银行存款、主营业务收入及应交税费等明细账户，抽查有关会计凭证，验算有关的销售收入与增值税额。

验算 2013 年 12 月份的主营业务收入及应交的增值税额

主营业务收入＝6×［549 900÷（1+17%）÷10］＝282 000（元）

增值税额＝282 000×17%＝47 940（元）

验算 2014 年 1 月份的销售收入及应交的增值税额：

主营业务收入 = 4×［549 900÷（1+17%）÷10］= 188 000（元）

增值税额 = 188 000×17% = 31 960（元）

发现如下问题：

①该企业 2013 年 11 月份虽然预收货款 219 960 元，但本月却未发货，预收的款项只能计入预收账款账户，不能计入主营业务账户 188 000 元和应交税费账户 31 960 元。

②该企业 2013 年 12 月份发货 6 台，应结转主营业务收入 282 000 元，增值税 47 940 元，实际少结转主营业务收入 470 000 元，及增值税额 7 990 元。

③2014 年 1 月份销售 4 台，应结转主营业务收入 188 000 元，增值税额 31 960 元，实际少结转主营业务收入 141 000 元及增值税额 23 970 元。

（3）调账处理：

应将该企业 2013 年多计的主营业务收入 141 000（188 000-47 000）元和增值税额 23 970（31 960-7 990）元予以调整。调账会计分录如下：

借：以前年度损益调整　　　　141 000
　　应交税费——应交增值税　　23 970
　　贷：预收账款　　　　　　　164 970

应将 2014 年 1 月份少计的主营业务收入 141 000 元和增值税额 23 970 元，予以补记。调账会计分录如下：

借：预收账款　　　　　　164 970
　　贷：主营业务收入　　　141 000
　　　　应交税费-应交增值税 23 970

例题四：（1）资料概述。审计人员在审查企业某种自制半成品业务时，发现如下记录：销售给某某机械厂该种自制半成品 100 件，单价 200 元，同时预收货款 10 500 元；款项 30 500 元，均通过银行收讫。其会计分录如下：

借：银行存款　　　30 500

贷：主营业务收入 30 500

车间领用该种自制半成品 200 件，实际耗用 180 件，单位成本 150 元，共转自制半成品 30 000 元。其会计分录如下：

借：生产成本　　30 000
　　贷：自制半成品　30 000

根据以上资料，审计人员应首先审阅主营业务收入、自制半成品、生产成本等明细账，然后抽查有关会计凭证，同时验算结转的货款及实际成本，最后盘点自制半成品的结余数量。该企业车间多转自制半成品成本 =（200－180）×150 = 3 000（元）。

（2）问题分析。预收货款未交货之前应列入预收账款，而不应该列作主营业务收入；车间耗用甲种自制半成品，应按实际耗用数计入成本，而不应按领用数计入成本。

（3）调账处理。已计入销售收入的预收账款应予以冲回，做以下会计分录：

借：主营业务收入　10 500
　　贷：预收账款　　10 500

车间甲种自制半成品成本应予以冲销，做如下会计分录：

借：生产成本　3 000
　　贷：自制半成品　3 000

例题五：（1）资料概述。审计人员在审查某钢铁厂销售发票时，发现 2013 年 12 月 31 日售给金属材料公司钢材 500 吨，每顿售价 1 500 元，销售收入共计 750 000 元，以应收账款入账。但检查当时库存产品时，并没有那么多的钢材，经向金属材料公司查询，证实交货和办理货款结算都是 2014 年年初进行的。

（2）问题分析。根据以上审计资料，审计人员应运用审阅法审阅主营业务收入、库存商品等明细账，核对有关账目，抽查有关凭证，盘点产成品数量，并向被审计单位有关人员查询证实相应问题。该企业账面上年末销售产品 500 吨。其销售收入 750 000 元全部以应收账款入账，而成品库中当时没有那么多产成品。对此，审计人员应结合产成品明细账、应收账款明细账进行检查，确定是否属于虚构销售收入。由于该项业务发生在年末，有两种可能：一是为了年终增加销售收入而开出空头支票虚列收入，下年初再以退货形式冲回，以达到虚增收入和利润的目的；二是为了扩大本期销售而将下年初销售业务提前入账。因此，审计人员还应检查下年初是否有退货业务，并核对退货的入库凭证和退给对方货款取得的收据，以确定问题的真相。

（3）调账处理。对于这一虚构收入的情况，审计人员应明确向被审计单位提出。如果该企业已办妥结账工作，应告知企业将这笔销售利润在利润总额中冲减；如果该企业尚未办理结账工作，也应告知企业将这笔销售业务的有关分录用红字更正法更正。

例题六：（1）资料概述。查账人员审查某企业预收账款业务时，发现企业 2011 年 5 月与购贷方签订一份销贷合同，合同规定，购贷方 5 月预付全部贷款 50 万元，销贷方应于 8 月全部交贷，但却没有相应的销售收入的记录。调阅该业务的记账凭证，会计分录为：

借：银行存款　　500 000
　　贷：预收账款　　500 000

调阅 8 月企业发货时的记账凭证，会计分录为：

借：分期收款发出商品　　300 000
　　贷：产成品　　300 000

（2）问题分析。由于该企业产销量在该年度大幅度增加，但当年利润已超过计划目标过多，为了控制利润的实现数额，以便隐匿收入。控制利润增长幅度，而且逃避了增值、所得税。

（3）调账处理。如在当年发现，做调账分录如下：

借：预收贷款　　500 000
　　贷：主营业务收入　　427 350. 40

应交税费——增值税　　72 649.60

借：主营业务成本　　　　300 000

　贷：分期收款发出商品　　300 000

如在次年发现，除做以上会计分录外，还需做以下会计分录：

借：主营业务收入　　　　427 350.40

　贷：以前年度损益调整　　427 350.40

借：以前年度损益调整　　300 000

　贷：主营业务成本　　　　300 000

补交所得税，税率为25%，做如下分录：

借：以前年度损益调整　　　31 837.60（127 350.40×25%）

　贷：应交税费——应交所得税　　31 837.60

借：以前年度损益调整　　　95 512.80（127 350.40-31 837.60）

　贷：利润分配——未分配利润　　95 512.80

以净利润10%计提盈余公积，50%向投资者分配，做如下分录：

借：利润分配——未分配利润　57 307.68

　贷：盈余公积　　　　　　9 551.28

　　　应付利润　　　　　　47 756.40

例题七：（1）资料概述。审计人员在审查某公司2011年9月的“周转材料”明细账时，发现该月明显增加了价值50 000元的低值易耗品，但同一日期的“银行存款”日记账中无此项业务的记录。调阅了该业务的记账凭证，其会计分录为：

借：周转材料　　　　　50 000

　贷：库存商品　　　　　50 000

经过询问当事人和进一步的调查，得知该低值易耗品是以50 000元的产成品换取的。但是双方为了少计收入，均未通过销售收入账户反映。

（2）问题分析。用以货易货的形式来销售产品，实质上也属于销售行为，该公司应将正常的购进和销售分开核算，真实地反映销售收入。

（3）调账处理。假定该产成品的售价为 60 000 元，低值易耗品的进价为 60 000 元，该问题在当月查出时，应做调查分录如下：

借：库存商品　　　　　　　　　　50 000
　　贷：周转材料　　　　　　　　　　50 000
借：周转材料　　　　　　　　　　70 200
　　贷：主营业务收入　　　　　　　　60 000
　　　　应交税费——应交增值税（销项税额）10 200
借：主营业务成本　　　　　　　　　50 000
　　贷：库存商品　　　　　　　　　　　50 000

例题八：（1）资料概述。审计人员 2011 年对某工厂进行查账时，发现企业退货业务较多，于是对其退货业务进行了重点审查。审计人员首先向该单位有关人员了解该单位退货业务的程序，又查阅了有关会计凭证，发现 10 月份的记账凭证中有一张摘要为“退货”会计记录为：

借：主营业务收入　　　　　　　　20 000
　　应交税费——应交增值税（销项税额）3 400
　　贷：应收账款　　　　　　　　　　23 400

调出该销售业务 8 月的会计凭证，已确认收入无误。审计人员审查发现 10 月的凭证附件又有被审查单位开具的红字销售发票，而没有购买方提供的在其当地税务机关开具的进货退出证明单，也没有仓管员签字的退货入库单，经进一步查证，该业务为虚假退货。

（2）问题分析。该企业的行为是虚假退货，目的在于隐瞒销售收入。

（3）调账处理。经过调查，做调账分录如下：

借：应收账款　　　　　　　　23 400
　　贷：主营业务收入　　　　　　　　　　　20 000
　　　　应交税费——应交增值税（销项税额）　　3 400

例题九：（1）资料概述。审计人员在审查某企业2011年销售发票时，发现销售了很多原材料，当进一步审阅“其他业务收入”明细账时，没有查到材料销售的业务。审计人员审阅了“原材料”明细账、“银行存款”日记账和明细账及有关凭证，发现该业务的会计分录为：

借：银行存款　　50 000
　贷：原材料　　40 000
　　其他应付款　　10 000

（2）问题分析。该企业将售出的原材料销售收入直接冲减成本，并将销售收入与材料实际成本的差额计入“其他应付款”科目，截留了收入，逃避了税款。

（3）调账处理。如在当年发现，做如下调账分录：

借：其他业务成本　　40 000
　其他应付款　　10 000
　贷：其他业务收入　　42 735. 04
　　应交税费——应交增值税　　7 264. 96

如在次年发现，除做以上会计分录外，做如下分录：

借：其他业务收入　　42 735. 04
　贷：以前年度损益调整　　42 735. 04
借：以前年度损益调整　　40 000
　贷：其他业务成本　　40 000

例题十：（1）资料概述。审计人员在对某公司2011年末的其他业务收入进行审查时，发现公司一项没有相应纳税记录的业务，其内容为：售出一批价值为30万元的原材料（采购成本为20万元）。审计人员于是检查了“其他业务收入”“其他业务成本”“原材料”等明细账的相关记账凭证和原始凭证，该业务的记账凭证会计分录为：

借：银行存款　　300 000

贷：原材料　　　　200 000

　　其他应付款　　　100 000

没有相关的纳税记录。

(2) 问题分析。该公司违反了会计准则和税法规定，将销售材料所得的收入直接冲减材料成本，漏交了城建税、教育费附加税等税金，从而达到偷漏税的目的。

(3) 调账处理。经过调查，做调账处理如下：

借：其他应付款　　　　100 000

　　其他业务成本　　　20 000

　　贷：其他业务收入　　　30 000

第二节　其他业务收入的审计

一、其他业务收入

其他业务收入是指企业主营业务收入以外的所有通过销售商品、提供劳务收入及让渡资产使用权等日常活动所形成的经济利益的流入。如材料物资及包装物销售、无形资产使用权实施许可、固定资产出租、包装物出租、运输、废旧物资出售收入等。其他业务收入是企业从事除主营业务以外的其他业务活动所取得的收入，具有不经常发生、每笔业务金额一般较小，占收入的比重较低等特点。

二、其他业务收入的舞弊形式

其他业务收入的会计舞弊形式主要有四种，如表5-3所示。

表 5-3　其他业务收入舞弊现象一览表

舞弊形式	具体说明
入账时间提前或推后	◇入账时间提前：有的企业往往在月末或年末，为完成利润指标，掩饰亏损，而把应在下月或下年度入账的收入列入本期。 ◇入账时间拖后：有的企业对已实现的收入长时间不入账（尤其是现金收入），造成当月利润不实和个人挪用、贪污或形成“小金库”。
入账金额不正确、漏记、虚增、隐瞒	◇多列或虚列固定资产出租、包装物出租等其他业务收入，从而达到虚增利润的目的。 ◇少记或不记其他业务收入（尤其是一些不经常发生的收现业务），从而达到隐瞒利润，私设“小金库”，或个人贪污、挪用的目的。
列示的内容、范围不符合规定	◇各个企业在列式其他业务收入时，必须严格遵守有关制度规定。但有些企业为了达到少交税金的目的，把产品（商品）销售收入列入其他业务收入中。
会计处理不规范	◇其他业务收入实现后，直接冲销“其他业务收入”账户，而计入管理费用等账户。 ◇其他业务收入实现后，没有计入“其他业务收入”账户，而计入“营业外收入”账户。 ◇其他业务收入实现后，只记入“其他业务收入账户”，没有相应结转成本和支出，违背了配比原则。 ◇将属于产品或商品销售收入或营业外收入或投资收益的收入误列作其他业务收入。

三、其他业务收入舞弊的审查方法

对其他业务收入舞弊的审查，通常采用审阅法、复核法和核对法等技术方法，具体说明如表 5-4 所示。

表 5-4　其他业务收入舞弊审查方法

审查方法	具体说明
审阅法	◇审阅其它业务收入业务的原始凭证，检查其要素是否填写齐全，是否有涂改、挖补的痕迹。 ◇审阅其他业务收入相关的记账凭证，检查其会计分录的编制是否正确。 ◇审阅其他业务收入明细账，检查其是否有涂改痕迹，摘要栏记载的内容是否在企业经营范围内、是否属于“其他业务收入”账户核算范围。 ◇审阅企业内部控制制度是否得到了有效执行。 ◇审阅其它业务收入业务的作价是否合理、入账手续是否齐全。

续表

审查方法	具体说明
复核法	◇复核其他业务收入原始凭证上的记录的金额计算是否正确。 ◇复核其他收入明细账的本月合计数、本月累计数等数据计算是否正确。 ◇复核其他业务收入业务的成本结转是否正确。
核对法	◇将其他业务收入相关的记账凭证与所附原始凭证进行核对，检查两者记录的内容、金额是否一致。 ◇将其他业务收入明细账与相对应的会计凭证核对，检查其是否相符。 ◇将其他业务收入总分类账与明细账核对，检查两者的结存额是否相符。

四、例题分析

例题一：（1）资料概述。审计人员在审查A企业12月份营业收入明细账时，发现当月的收入金额比前几个月有大幅度下降，但按照企业销售产品的市场行情来看，这个月应当属于企业年销售旺季。审计人员感觉不符合常理，怀疑企业有隐瞒收入的嫌疑。

审计人员审阅了12月份应付账款明细账和其他应付账款明细账，在“应付账款——其他”明细账中32号凭证摘要栏记录的内容为“应付账款”，金额为585 000元。审计人员发现摘要栏的内容模糊不清，没有写明应付哪个单位的货款，且应付货款没有按往来单位单独设置明细账户核算。于是，审计人员调阅了32号记账凭证，凭证上的会计分录如下：

借：银行存款　　　　　　　585 000
　　贷：应付账款——其他　　　585 000

审计人员一看会计分录，就对这种对应关系感到怀疑。审计人员再审阅了记账凭证后面所附的原始凭证，是一张金额为585 000元的银行进账单，没有其他单据。审计人员询问会计人员这笔进账单金额的来源，会计人员支支吾吾没有说出个所以然。于是，审计人员再向销售部门询问当月的销售情况，获悉12月26日向B公司销售了一批甲产品，价税合计正好与金额585 000元相符。审计人员再电询B公司财务部核对此数据，从对方获悉，12月26日确实从本企业购入了一批585 000元的甲产品，且货款已支付。

（2）问题分析。审计人员拿出销售记录再向相关会计人员询问此事，在这种情况下，会计人员声称，原来销售部与A企业签订了承包合同，销售部今年已完成销售任务，因此，在利益面前，会计人员帮着销售部门隐瞒收入，以便作为来年的销售业绩。

审计人员向企业负责人反映了这一情况，会计人员承认故意通过应付账款账户隐瞒销售收入，虚减了企业的利润。

（3）调账处理。

该企业应做如下账务调整：

借：其他应付账款　　　　　　　　　　　　585 000
　　贷：主营业务收入　　　　　　　　　　　500 000
　　　　应交税费——应交增值税（销项税额）　85 000

例题二：（1）资料概述。审计人员在审查某企业账目时发现，会计人员将处理固定资产的净收益48 000元做如下账务处理：

借：固定资产清理　　　48 000
　　贷：其他业务收入　　48 000

（2）问题分析。对此问题该企业会计人员供认不讳。

（3）调账处理。此类问题查证后，应根据其具体形态做出如下账务处理：

借：固定资产清理　　　　48 000
　　贷：营业外收入　　　480 00

第三节　营业外收入审计

一、营业外收入

营业外收入是指企业确认与企业生产经营活动没有直接关系的各种收入。营业外收入并不是由企业经营资金耗费所产生的，不需要企业付出代价，实际上是一种纯收入，不需要与有关费用进行配比。因此，在会计核算上，应当严格区分营业外收入与营业收入的界限。通俗一点讲就是，除企业营业执照中规定的主营业务以及附属的其他业务之外的所有收入视为营业外收入。

营业外收入主要包括固定资产盘盈、处置固定资产净收益、非货币性交易收益、出售无形资产收益、罚款净收入等。

二、营业外收入的舞弊形式及审查方法

营业外收入的舞弊形式及防范方法主要包括三种，具体如表 5–5 所示。

表 5–5　营业外收入舞弊形式及审查方法一览表

舞弊形式	具体说明	审查方法
“营业外收入”账户反映的事实不完整	◇有的企业将应反映在营业外收入中的各种收入通过各种方式反映在“应付账款”“应付工资”“其他应付款”等账户中或作为账外“小金库”。	◇审查“银行存款”日记账及“现金”日记账的记录，从摘要记录及对方科目中发现线索。 ◇重点审查“应付账款”“应付工资”“其他应付款”等账户的详细记录，必要时审查有关记账凭证和原始凭证，了解其会计处理是否符合实际业务情况。
利用“营业外收入”账户人为调节利润水平	◇有的企业采用虚列营业外收入、多记或少记营业外收入的方式调节利润水平。	◇对此类问题，审计人员应重点审查有关会计凭证，核对账证、证证是否相符，审查是否存在无原始凭证的记账凭证，摘要说明是否清楚等，发现线索后作进一步调查。
营业外收入与主营业务收入界限划分不明确	◇将属于主营业务收入、其他业务收入的列入营业外收入；或将营业外收入列入主营业务收入和其他业务收入。	◇对此类问题，审计人员可通过审查“营业外收入”明细账发现线索，审查摘要说明是否清楚、明确，必要时再核对有关会计凭证，从而查证问题。

三、例题分析

例题一：（1）资料概述。甲企业于 2013 年 12 月 4 日收到乙企业因违反协定的销售合同而支付的违约金 3 500 元，甲企业已存入银行，并做如下会计处理：

借：银行存款　　　　　　3 500

　　贷：其他业务收入　　　　3 500

（2）问题分析。审计人员在审查甲公司账目时，发现该公司将应计入

“营业外收入”的项目，计入了“其他业务收入”。

（3）调账处理。此类问题查证后，该企业会计人员应做如下账务处理：

借：其他业务收入　　　　　3 500
　　贷：营业外收入　3 500

例题二：（1）资料概述。审计人员审查某企业 2011 年的“应付职工酬薪——福利费”明细账时发现有这样一笔摘要：对某单位违约罚款 10 000 元。说明该企业将罚款列入了“应付职工酬薪——福利费”账户。调阅该业务的记账凭证，其会计分录为：

借：库存现金　　　　　　　　10 000
　　贷：应付职工酬薪——福利费　　10 000

记账凭证的摘要为：对某单位违约罚款 10 000 元。同时，又有另一个记账凭证，其会计分录为：

借：应付职工酬薪——福利费　　10 000
　　贷：库存现金　　　　　　　　10 000

询问财务人员，财务人员承认发给职工的“五一”节福利费就是罚款的收入 10 000 元。

（2）问题分析。该企业将违约罚款的 10 000 元，列入了“应付职工酬薪——福利费”账户，在“五一”节前夕以福利费名义分给职工，这样不仅减少了当期利润，而且偷漏了税款。

（3）调账处理。如在当年发现，做以下调整分录：

借：应付职工酬薪——福利费　　10 000
　　贷：营业外收入　　　　　　　10 000

如在次年发现，除做以上会计分录外，做如下分录：

借：营业外收入　　　　　　　10 000
　　贷：以前年度损益调整　　　10 000

补交所得税，税率为25%，做如下分录：

借：以前年度损益调整　　　　2 500
贷：应交税费——应交所得税　　2 500
借：以前年度损益调整　　　　7 500
　　贷：利润分配——未分配利润　　7 500

以净利润10%计提盈余公积，50%向投资者分配，做如下分录：

借：利润分配——未分配利润　　4 500
　　贷：盈余公积　　　　　　750
　　　　应付利润　　　　　　3 750

第四节　投资收益的审计

一、投资收益

投资收益是对外投资所取得的利润、股利和债券利息等收入减去投资损失后的净收益。严格地讲，所谓投资收益是指以项目为边界的货币收入等。投资收益审计对保证企业投资的合理、合法，保护投资的安全完整，促使企业正确进行投资的核算等具有重要意义。

二、投资收益的舞弊形式

投资收益是企业对外投资所取得收益或发生的损失。在会计处理的实务操作中，常见的投资收益核算舞弊形式具体如表5-6所示。

表5-6　投资收益舞弊形式一览表

舞弊形式	具体表现
对投资收益或损失的会计处理不正确	◇有些企业随意采用成本法或权益法核算，造成会计信息失真，或者有些企业进行债券投资时未能按时收取足额的债券利润；有些企业将部分投资收益计入"其他应付款"账户，隐瞒收入。

续表

舞弊形式	具体表现
企业不按合同或协议规定及时足额地取得投资收益或未及时计入“投资收益”账户	◇有些企业进行债券投资时未能足额按时收取足额的债券利息； ◇有些企业将部门投资收益计入“其他应付款”账户，隐瞒收入。
企业对投资收益收回或转让的会计处理不正确	◇有些企业将中途转让对外投资的实收款项与投出时的账面价值之间的差额，计入营业外收入或用业务支出。 ◇有些企业对应税的投资收益未纳税或未将纳税后的收益计入投资收益。 ◇有些以分享产品抵消投资分利的，所确定的产品价格过低或过高，造成少计或多计投资收益，从而人为地调节盈利水平。
对于投资收益账户未按规定进行转账	◇存在着期末将“投资收益”账户内的余额全部转入“本年利润”账户中，以调节当期与以后有关会计期间的利润水平。

三、投资收益舞弊的审查方法

对投资收益舞弊的审计，应通过企业的“投资收益”“短期投资”“长期投资”“其他应收款”“其他应付款”“银行存款”等账户的审查，确认其投资收益的实现及分配情况，了解企业取得的投资收益是否按规定的计算期予以入账，是否按国家规定的利润分配方法，参与企业的利润分配。

四、例题分析

例题一：（1）资料概述。审计人员在审查某生产企业 2013 年 12 月份“投资收益”明细账时，发现“盈余公积”总账下“任意盈余公积”明细账有一贷方记录的摘要内容为“收到 A 公司股利收入”金额为 35 万元。审计人员怀疑其有错列盈余公积的问题。审计人员调阅了该记账凭证，其显示的会计分录如下：

借：银行存款　　　　350 000

　　贷：盈余公积　　　　350 000

所附原始凭证为银行通知单，显示对方付款理由为“年底派发股利”，再查阅该公司“对外投资”账，发现其确有长期股权投资。据此，审计人员认为被审计企业把本应作为投资收益的股利收入错列为盈余公积。

（2）问题分析。该企业为了少纳所得税，故意隐瞒其收入。经查证以后，会计人员对此行为供认不讳。

（3）调账处理。由于已进行年度结账，2013 年所得税已经缴纳，故做如下账务调整：

借：盈余公积　　350 000

　贷：以前年度损益调整　　262 500

　　应交税费——应交所得税　　87 500

第五节　管理费用的审计

一、管理费用

管理费用是指企业行政管理部门为组织和管理生产经营活动而发生的各项费用。管理费用属于期间费用，在发生的当期就计入当期的损失或利益。

二、管理费用舞弊形式

在会计处理的实务操作中，常见的管理费用舞弊形式如表 5-7 所示。

表 5-7　管理费用舞弊形式说明表

舞弊形式	具体表现
将超法规的支出列入管理费用	◇企业将自己的固定资产或者无形资产的购置，列入了企业管理费用账目当中。 ◇有些企业为了一己之私，对政府相关人员进行行贿，将行贿费用以管理费用的名义列入账簿中。 ◇一些企业的负责人给自己支付较低的工资（低于缴纳所得税工资标准），另外虚构职工人数，给非企业职工的家庭成员发放工资，将发放的工资列入管理费用中。
将列入固定资产的费用列入开办费中	◇将列入固定资产的费用列入开办费中，这样就可以虚增管理费用，虚减利润，达到少缴纳税款的目的。

续表

舞弊形式	具体表现
管理费用的结转不按照规定全部转作当期损益	◇有些企业没有完全将管理费用转作当期损益，将其部分计入产品成本，或转入下期，目的就是想调节利润。
把应计入成本的运输费列入管理费用	◇企业购入固定资产，专项投资用的材料和设备的运输费，应计入设备或材料的成本，但有些企业，却将这部分运输费列入管理费用中。
不按规定摊销无形资产	◇企业的无形资产摊销都计入“管理费用”，但有些企业为了调节期末利润，人为地多摊或少摊无形资产，从而多记或少记费用，以达到其目的。
任意扩大开支，提高费用	◇按照规定，各项开支均有标准，但在实际工作中，却存在着许多乱计费用的问题，有些企业为了自身的经济利益，任意扩大开支范围和提高开支标准，以提高企业费用水平，如管理费用水平，从而减少当期利润。
将管理费用计入生产成本，或将生产成本计入管理费用	◇有些企业故意将管理费用计入生产成本，造成企业产品成本不实，影响当期利润。

三、管理费用舞弊的审查内容

为防范日常会计核算中出现的管理费用舞弊现象，审计人员可通过以下一些内容进行审查。如表 5-8 所示。

表 5-8　管理费用舞弊审查方法

审查内容	具体说明
对无形资产摊销进行审查	◇无形资产的估价是否真实、合理。 ◇无形资产摊销期限是否合理，注意查明无形资产仍可长期使用而其价值已全部摊销，或者无形资产的使用期限已到，而其价值尚未摊销完毕的情况，这可通过查阅无形资产摊销明细账查明。 ◇有无将无形资产摊销列入固定资产折旧的错误处理。
对土地使用费的审查	◇根据有关规定，核实列支的土地使用费是否真实、正确。 ◇有无将上年度或下年度的土地使用费列作当年费用。 ◇对未办理土地使用证书或虽已办理了证书，但当年未支付土地使用费，应查明其是否按规定预提了土地使用费，并计入当年损益。

续表

审查内容	具体说明
职工教育经费的审查	◇指企业为职工学习先进技术和提高文化水平而支付的费用，一般按职工工资总额的1.5%提取，其审查重点主要是是否按规定提取，计算是否正确，有无被挪作他用的情况等。
技术转让费的审查	◇是否与技术出让方签订了技术转让合同，合同内容及其附件和手续是否完备合理，重点审查技术转让费标准是否合理。 ◇当期支付技术转让费的时间、方式、金额等是否与合同的规定标准相一致，接受转让的技术是否达到了规定的要求。 ◇按合同规定，当年应支付的技术转让费是否已全部支付，未按期支付的，在年终会计结算前，是否将差额部分预提转出，计入当年损益。 ◇有无将专有技术及专利摊销数列入技术转让费中。
对研究开发费的审查	◇是否将应由管理费用列支的各项研究开发费用计入生产成本、制造费用等有关项目，可通过对企业单位产品成本的异常变动进行追查而发现舞弊。 ◇审查是否将新产品试制失败以及其他有关费用，当做资产损失列入营业外支出。 ◇对研究开发过程中的剩余材料等，未从管理费用扣减而将其作为其他收入，或转入小金库，可通过核实资产予以查清。
对业务招待费的审查	◇审查是否严格按照财务制度规定的比例计算列支出业务招待费，有无多列支的情况，如有超出，应查明原因，并在确定应缴税所得额时调整。 ◇审查企业当期所列的业务招待费的支出标准和范围是否符合有关规定。 ◇审查所列支的业务招待费支出，是否与企业业务经营有关，若发现存在与业务经营无关的支出，应查明其用途并做处理。

四、例题分析

例题一：（1）资料概述。审计人员在对某生产企业进行审计时，发现该企业在2013年7月被国家有关部门没收产成品一批，金额为6.8万元，该企业对该项业务做了如下账务处理。

借：管理费用　　　　68 000

　　贷：产成品　　　　68 000

（2）问题分析。审计人员在查阅有关成本费用明细账时，通过摘要栏中的说明未查到属于成本费用支出的内容；在审阅其他有关支出明细账时，也未查找到属于成本费用性质的支出内容。因此，审计人员感觉疑点重重，打算调阅有关凭证进行详细核对。

（3）调账处理。审计人员在查证该问题后，令会计人员根据其具体形态做出如下账务调整：

借：利润分配——罚没收入　　68 000
　　贷：管理费用　　68 000

若上述账务处理贷方是“本年利润”账户，还应该对利润额进行分配。

例题二：（1）资料概述。审计人员在审查北京 ABC 有限公司“管理费用”明细账时，发现 2010 年 12 月没有无形资产“累计摊销”科目。经查发现，2010 年 12 月 28 日第 108 号凭证记载“摊销无形资产”，“累计摊销”贷方发生额为 20 万元，对方科目“生产成本”借方发生额 20 万元。审计人员怀疑 ABC 有限公司没有将无形资产摊销额计入“管理费用”。

2010 年 12 月 28 日，第 108 号凭证：

借：生产成本——基本生产成本　　200 000
　　贷：累计摊销　　200 000

（2）问题分析。审计人员分析，ABC 公司采用了年末对无形资产一次摊销的方式，经查阅相关资料，其“无形资产摊销计算表”计算的摊销额正确。但其在摊销时，将摊销金额计入“生产成本”中，是不符合相关规定的。按照规定，无形资产摊销计入“累计摊销”的同时，还应计入“管理费用”中，ABC 有限公司计入“生产成本”是不符合规定的。ABC 有限公司违反相关会计规定，虚减费用，虚增利润，并造成本期的生产成本不实。

（3）调账处理。冲减成本

借：管理费用　　200 000
　　贷：生产成本——基本生产成本　　200 000

例题三：(1) 资料概述。查账人员在审查某企业2011年3月的“管理费用”明细账时，发现本月计入“管理费用”中的工资费用和折旧费用与上月比有明显的增长，于是产生怀疑。调阅2011年3月的记账凭证，会计分录为：

借：管理费用——工资　　　　180 000

　　贷：应付职工酬薪　　　　　180 000

借：管理费用——折旧费　　　72 000

　　贷：累计折旧　　　　　　　72 000

经过查阅原始凭证并询问有关财务人员，得知该企业将应计入“制造费用”的车间管理人员工资30 000元和设备折旧费43 000元计入了当期“管理费用”账户。

(2) 问题分析。该企业将计入“制造费用”的费用挤占、虚列计入“管理费用”，造成生产成本不真实，利润虚减。

(3) 调账处理。如果在当年发现，做如下分录：

借：制造费用　　　　　　　73 000

　　贷：管理费用——工资　　　30 000

　　　　——折旧费　　43 000

如果已转入生产成本，还需做如下分录：

借：生产成本　　　　　　　73 000

　　贷：制造费用　　　　　　　73 000

如果产品已经完工入库还需做如下分录：

借：产成品　　　　　　　　73 000

　　贷：生产成本　　　　　　　73 000

如在次年发现，补交所得税，按25%的税率，做如下分录：

借：制造费用　　　　　　　73 000

　　贷：应交税费——应交所得税　18 250

以前年度损益调整　　　　　　　　　　54 750

借：以前年度损益调整　　　　　　54 750

贷：利润分配——未分配利润　54 750

以净利润10%计提盈余公积，50%向投资者分配，做如下分录：

借：利润分配——未分配利润　　　32 850

贷：盈余公积　　　　　　　　5 475

应付利润　　　　　　　　27 375

第六节　财务费用的审计

一、财务费用

财务费用指企业在生产经营过程中为筹集资金而发生的筹资费用。包括企业生产经营期间发生的利息支出（减利息收入）、汇兑损益（有的企业如商品流通企业、保险企业进行单独核算，不包括在财务费用）、金融机构手续费，企业发生的现金折扣或收到的现金折扣等。但在企业筹建期间发生的利息支出，应计入开办费；为购建或生产满足资本化条件的资产发生的应予以资本化的借款费用，在“在建工程”“制造费用”等账户核算。对财务费用的审查，应通过审计财务费用总账和明细账的账面记录以及有关原始凭证和记账凭证，查明财务费用发生的合理性、合法性和真实性以及账务处理的正确性。

二、财务费用的舞弊形式

财务费用在实际业务处理过程中，常见的舞弊形式有五种，具体如下表5-9所示。

表 5-9 财务费用的舞弊形式

舞弊形式	1. 将利息转入“小金库”。
	2. 摊销方法前后不一致。
	3. 利息支出的处理不合理。
	4. 汇兑损益的计算不正确，前后采用的计算方法不一致。
	5. 有些企业支出的部分手续费不合理、不合法，用于不正当的用途。

三、财务舞弊的审查方法

为了提高查找财务费用舞弊的准确性，提高查证的工作效率，审计人员可以主要从利息支出审查，汇兑损失审查和各种手续费审查三个方面进行，以审查财务费用舞弊现象的发生，具体说明如下表 5-10 所示。

表 5-10 财务费用舞弊审内容说明表

审查内容	具体方法
利息支出的审查	◇企业当年列支的利息支出是否确实属于当年损益应负担的利息支出，有无将应由上年度或基建项目承担的利息支出列入当年损益。 ◇利息支出列支范围是否合规，注意审查各种不同性质的利息支出的处理是否正确。一般而言，企业流动负债的应计利息支出计入财务费用；企业长期负债的应计利息支出，筹建期间的计入开办费，生产经营期间的计入财务费用，清算期间的计入清算损益，与购建固定资产或无形资产有关的，在其竣工之前的，计入购建资产价值，企业的罚款违约金列入营业外支出。 ◇审查存款利息收入是否抵减了利息支出，计算是否正确，特别应注意升降幅度较大的月份分析其原因。
汇兑损失的审查	◇审查企业列支的汇兑损益是否确已发生，即计算汇兑损益的外币债权，债务是否确实收回或偿还，调剂出售的外汇是否确已实现。 ◇审查汇兑损益计算的正确性，计算方法的前后一致性。 ◇审查有无将不同数量的外币之间的记账本位币差额当成汇兑损益的现象。 ◇审查企业经营初期发生的汇兑损益，尤其是外汇调剂、汇兑损失应查明发生的具体时间，有无为了延续减免税期，而人为地将筹建期间发生的汇兑损失计入生产经营期间汇兑损失的行为。

续表

审查内容	具体方法
各种手续费的审查	◇主要审查各种手续费的真实性、合法性、合理性及计算的正确性。 ◇检查有无将应列入其他费用项目的或者应在前期、下期列支的手续费计入当期财务费用。

四、例题分析

例题一：（1）资料概述。审计人员在对甲企业进行审计时，发现甲企业于2013年1月1日向银行借入短期借款用于生产经营的，期限六个月，年利率5%，该借款本金到期后一次归还，利息分月预提，按季支付，该公司的会计处理如下：

1月末，预提当月份应计利息：

300 000×5%÷12＝1 250（元）

借：财务费用　1 250

　　贷：应付利息　1 250

（2）问题分析。审计人员在审查过程中，发现存款利息收入未抵减利息支出。

（3）调账处理。此类问题查证后，应根据其具体形态做出账务调整。对于上述问题，该企业会计人员应做如下账务处理：

1月末，预提当月应计利息：

300 000×5%÷12＝1 250（元）

借：财务费用　1 250

　　贷：应付利息 1 250

同时，当月取得的利息收入350元应作为冲减财务费用处理：

借：银行存款　　　　350

　　贷：财务费用　　　　350

例题二：审计人员检查某企业 2009 年 8 月份的“财务费用”明细账时，发现有一大笔借款利息，且 8 月份的财务费用数额比其他月份明显增加，其中有一笔大额的财务费用 140 000 元，于是产生怀疑。

分析：经审计人员调阅 8 月 31 日 56 号凭证，其会计分录为：

借：财务费用　　　　　　　140 000
　　贷：长期借款　　　　　　　140 000

从所附的原始凭证中发现，该企业将已计入固定资产的利息费用计入了财务费用。

①如果是当年发现，做如下分录：

借：固定资产　　　　　　140 000
　　贷：财务费用　　　　　　140 000

补交所得税，税率为 25%，做如下分录：

借：所得税费用　　　　　　　　　35 000
　　贷：应交税费——应交所得税　　　35 000

②如果是次年发现，做如下分录：

借：固定资产　　　　　　　　　　140 000
　　贷：以前年度损益调整　　　　　140 000

例题三：（1）资料概述。审计人员检查某其企业 2011 年 3 月的“财务费用”明细账时，发现 3 月份的财务费用数额比其他月份明显增加，其中有一笔大额的财务费用 8 万元，于是产生怀疑。调阅 3 月的记账凭证，会计分录为：

借：财务费用　　　　　　　　80 000
　　贷：长期借款　　　　　　　　80 000

所附的原始凭证表明，该企业是为购建固定资产而发生的借款利息支出，且该利息费用8万元是在固定资产达到预计可使用状态之前的利息费用，应计入固定资产价值，于是又检查了“固定资产”“在建工程”明细账却没有该利息8万元，只在“财务费用”账中查到利息8万元。

（2）问题分析。该企业为了隐瞒利润，偷税漏税，将应予以资本化的利息计入了财务费用。

（3）调账处理。如果是当年发现，做如下分录：

借：固定资产　　80 000
　贷：财务费用　　80 000

补交所得税，税率为25%做如下分录：

借：所得税　　20 000
　贷：应交税费——应交所得税　　20 000

如果是次年发现，做如下分录：

借：固定资产　　80 000
　贷：以前年度损益调整　　80 000

补交所得税，税率为25%，做如下分录：

借：以前年度损益调整　　20 000
　贷：应交税费——应交所得税　　20 000
借：以前年度损益调整　　60 000
　贷：利润分配——未分配利润　　60 000

以净利润10%计提盈余公积，50%向投资者分配，做如下分录：

借：利润分配——未分配利润　　36 000
　贷：盈余公积　　6 000
　　应付利润　　30 000

第七节 销售费用的审计

一、销售费用

销售费用（selling expenses）是指企业在销售产品、自制半成品和提供劳务等过程中发生的各项费用。包括由企业负担的包装费、运输费、广告费、装卸费、保险费、委托代销手续费、展览费、租赁费（不含融资租赁费）和销售服务费、销售部门人员工资、职工福利费、差旅费、折旧费、修理费、物料消耗、低值易耗品摊销以及其他经费等。

二、销售费用的舞弊形式

销售费用在实际业务处理过程中，常出现的舞弊形式有四种，具体如下表 5-11 所示。

表 5-11 销售费用的舞弊形式

舞弊形式	具体表现
虚报销售费用	◇产品价格调整时，厂家会清点库存，然后进行差价补偿，业务人员就会伙同经销商虚报库存数量，以获取更多的补偿。 ◇在产品出现质量事故需要赔付时，为减少事故的负面影响，企业一般都会要求经销商及当地业务人员尽快处理，具体的赔偿由经销商先行垫付，再由企业补偿，许多经销商趁机联合厂家的驻地业务人员，虚报赔偿额度。 ◇在终端销售费用支付时，经销商或业务员会夸大支出，从而套取企业费用。
变卖促销品	◇经销商将厂家所下拨的促销品和赠品进行变卖，这是经销商最常用的手段，虽然每一次变卖数目不大，但是积累起来数目就不小，从而使企业的销售费用大增。
销售费用的结转不正确	◇有些企业不按照规定结转产品销售费用，多转、少转或不转销售费用，从而人为地调节利润。
制造假账	◇在进行区域型有奖促销活动时，经销商会联合企业的业务人员，把有价值的奖项全部提前找出，再伪造消费者的中奖记录向企业申领，或者是编造消费者返单记录，夸大补偿消费者的数量，申报更多的补偿品，随即变价销售。

三、销售费用舞弊的审查方法

为审查日常会计核算中出现的销售费用舞弊现象，通常采用审阅法、核对法、复核法等技术方法进行审查，具体如下表5-12所示。

表5-12 销售费用舞弊审查方法

审查方法	具体说明
审阅法	◇审阅列入销售费用的项目是否合理合法。 ◇审查销售费用的明细开支是否在会计制度规定的开支标准之内。 ◇审查销售费用的发生是否符合权责发生制的要求。 ◇审查财务费用中利息支出的列支内容是否正确，如直接归属于符合资本化条件的资产的购建或生产的，应当予以资本化，计入相关资产成本，不在财务费用中核算。
核对法	◇将记账凭证与所附原始凭证进行核对，检查其记录的内容是否相符。 ◇将会计账簿与记载销售费用的会计凭证核对，检查记录的内容是否相符。
复核法	◇对原始凭证记录的数量、金额进行复核。 ◇对销售费用进行复核，如广告费、展览费、包装费、运输费等，检查其计算是否正确。 ◇对销售费用的本月发生额、本月累计额和余额进行复核。

四、例题分析

例题一：（1）资料概述。审计人员在对某生产企业进行审计时，发现该公司9月份共发生费用20万元，其中，销售人员薪酬10万元，销售部专用办公设备折旧费3万元，业务费7万元（均用银行存款支付），却做如下会计处理：

借：销售费用　　130 000

　　贷：应付职工薪酬　　100 000

　　　　累计折旧　　30 000

借：管理费用　　70 000

　　贷：银行存款　　70 000

（2）问题分析。审计人员在审查该企业销售费用明细账时，发现该企业将销售业务费用计入了管理费用。审计人员觉得可疑，就向会计人员进行询问，会计人员供认不讳，说财务经理授意让其少转销售费用，调节企业利润，进行避税。

（3）调账处理。对于上述问题，审计人员责令企业会计人员做如下账务处理：

借：销售费用　　　　　200 000
　　贷：应付职工薪酬　　　　100 000
　　　　累计折旧　　　　　　30 000
　　　　银行存款　　　　　　70 000

例题二：（1）资料概述。审计人员审查某企业 2009 年 8 月“销售费用”账户时，发现 8 月 12 日的摘要记录为“购买设备的运杂费用”，审计人员怀疑记账有误。

（2）问题分析。经询问，财务人员承认，企业因业务需要购进设备一台，价值 70 000 元，另附运杂费 6 000 元，此项运杂费成本应放入固定资产中核算，但是财务部门为了少缴税款，将其放入“销售费用”中列支，其会计分录为：

借：销售费用——运杂费　　　6 000
　　贷：银行存款　　　　　　　6 000

（3）调账处理。对于上述问题，审计人员责令企业会计人员做如下账务处理：

①如果上述情况在当年发现，做如下调账：

借：固定资产——设备　　　　6 000
　　贷：销售费用——运杂费　　　6 000

②如果上述情况在次年发现，除了以上分录，还需做如下分录：

借：销售费用——运杂费　　　　6 000
　　贷：以前年度损益调整　　　　6 000

同时补交所得税（税率为 25%），以净利润的 10%计提盈余公积。（会计分录略）

第六章
成本类账户的审计

第一节 生产成本的审计

一、生产成本

生产成本是生产单位为生产产品或提供劳务而发生的各项生产费用，包括各项直接支出和制造费用。直接支出包括直接材料（原材料、辅助材料、备品备件、燃料及动力等）、直接工资（生产人员的工资、补贴）、其他直接支出（如福利费）；制造费用是指企业内的分厂、车间为组织和管理生产所发生的各项费用，包括分厂和车间管理人员工资、折旧费、维修费、修理费及其他制造费用（办公费、差旅费、劳保费等）。生产成本的控制能反映企业生产经营工作的效果。

二、生产成本的舞弊形式

在实际业务处理过程中，生产成本的舞弊形式如下表 6-1 所示。

表 6-1 生产成本常见的舞弊形式

舞弊形式	具体表现
将不属于产品成本负担的费用支出列入直接材料、直接人工等成本项目中	◇将购置的固定资产（主要是非安装设备、小型机具等），通过销售部门开具“解体发票”“变通发票”、假发票等各种手段列入“生产成本”中的直接材料项目中。 ◇将自营建造工程领用的材料、使用的动力费、使用的人工费等列入“直接材料费”和“直接人工费”项目中。 ◇将福利部门接受的物资和劳务转嫁列入基本生产中。

续表

舞弊形式	具体表现
将不属于本期产品成本负担的费用全部列作本期成本项目	◇原材料核算以领代耗，将投入产品生产并应由本期和以后各期分别负担的材料全部计入本期产品成本。 ◇将应由以前各期预提列入生产成本的外购燃料动力费全部列入本期“生产成本”账户中的“外购动力”项目中。
虚增、虚减生产成本	◇将生产用材料假出库，虚列产品生产成本。 ◇多计生产工人人数或生产工时，“吃空额”并虚减人工费。 ◇将非定额内的损失全部列入原材料、燃料采购成本中，提高材料、燃料单价，从而使产品成本中的直接材料、燃料动力项目增加，导致企业生产成本虚增。 ◇用提高材料单价的方法，增加产品直接材料费项目成本。 ◇有的企业为了虚增利润或搞虚盈实亏，不是虚增收入，就是虚减成本费用。
将对外投资的支出计入成本费用项目中	◇如某企业以材料物资的方式，向其他企业进行投资，企业财务部门未进行“长期投资”的账务处理，而是把减少的材料列入成本费用项目中。
将应列于生产成本开支的费用列入其他支出中	◇将应由生产成本负担的材料费、燃料费和人工费列入在建工程、固定资产原值、福利费支出中。 ◇将应列入生产成本的直接费用计入间接费用和期间费用，或计入其他业务支出和营业外支出科目中。
将回收的废料收集起来，不冲减当月领料数，而是作为账外物资处理	◇机加工后余下的边角余料，不办理交库手续（不填废料交库单）。这样就不能按一定的标准将废料折合成好料，按用途冲减当月的领料数，这不仅没有如实反映产品生产中材料的实际消耗，而且相对加大了产品的直接材料成本。
虚结产品成本，调节本期损益	◇经济效益明显好转的企业，一般是将原采用的“生产成本按完工产品成本计算”的分配方法，改变为采用“不计算在产品成本”的分配方法。 ◇有的企业为了调节利润，采用高定或低定定额成本的做法进行作弊。 ◇在产品完工程度的确定比较复杂时，有些部件的完工程度需要采取计算方法进行测定，根据此特点有些企业利用约当产量估算的特点，调节当年损益。

三、生产成本舞弊的审查方法

对“生产成本”账户中舞弊行为的审查，常用的有审阅法、核对法、调查法、盘点法、分析法等技术方法。为提高工作效率，对不同的舞弊问题应运用不同的方法和技巧，具体的审查方法如表6-2所示。

表6-2 生产成本舞弊的审查方法

审查项目	审查方法
对将不属于产品成本负担的费用支出列入直接材料、直接人工费用等成本项目中的错弊的查证	◇审阅“生产成本”中的“基本生产成本”明细账和“辅助生产成本”明细账，看各明细账记录的各项费用内容和数额是否有异常现象。 ◇审阅企业“在建工程”“应付福利费”“固定资产”等明细账，根据记录结合实物资产进行业务内容分析，从支出内容和支出水平的大小、波动上找出疑点，再进一步查证成本明细账，调阅会计凭证和原始资料，查出问题。
对将不属于本期产品成本负担的费用列入本期成本项目的错弊的查证	◇审阅生产成本明细账，看记录的材料费用是否有数额过大或过小的不正常情况。如有数额过大或过小现象，应进行追踪审查。 ◇审阅“预提费用”明细账，看预提的对象和计算是否真实、正确，并与生产成本明细账进行核对，提出疑点。 ◇将领料数额与材料定额和限额核对，对超定额和限额过多的业务，应进一步追查多领用的原因。 ◇调查核实虚增、虚减直接材料费用的数额，进一步确定影响损益的金额。
对虚增、虚减生产成本的舞弊问题的查证	◇根据直接材料费、直接人工费核算各种基础资料，对“生产成本”明细账进行审查，并与有关其他明细分类账进行核对，找出虚增、虚减生产成本的疑点，结合库存盘点、生产工人的清点和核实各种价格及各种定额方法，进一步核实和确认虚增、虚减生产成本的舞弊问题。
将对外投资支出计入生产成本、费用项目中的错弊的查证	◇查阅“生产成本”的直接材料消耗明细账，发现疑点后直接调阅有关记账凭证，审查领料单，分析领料单位、材料品种和用途，并进一步进行询查，核实错弊问题。
对将应属于成本开支的费用列入其他支出中的错弊的查证	◇查阅其他有关支出科目，如在建工程、固定资产、应付福利费、各种间接费用、其他业务支出和营业外支出等。对疑点问题，调阅有关记账凭证、原始凭证和有关业务核算的原始资料，核实错弊问题。

续表

审查项目	审查方法
对改变生产费用分配方法和利用定额成本调节利润的舞弊行为的查证	◇首先应向企业询问生产费用的分配采用什么计算方法。 ◇再审阅基本生产费用在完工产品和在产品之间进行分配所采用的计算方法是否一致。 ◇如发现有前后采用两种计算方法分配生产费用的情况，应当查清企业改变分配方法对完工产品成本与在产品成本的影响数额，以及对当期损益的影响数额。
对虚估约当产量的检查	◇首先，应审阅“在产品清查明细表”，看其登记和计算的在产品完工程度的情况，必要时，可对原始记录进行询证，以查明期末在产品折算的真实程度。 ◇其次，以经审查确认的期末在产品数额为根据，与企业分配生产费用时计算在产品成本的数额进行对照，看其是否一致。 ◇最后，审查核实期末在产品少分配或多分配生产费用的数额，确认对本期利润的影响额度。

四、例题分析

例题一：（1）资料概述。审计人员在审查某企业 2011 年 12 月“生产成本”账户时，了解到该企业采用约当产量法对生产费用在完工产品和在产品之间进行分配。本月完工产品为 150 件，审阅了车间的在产品明细表，得知在产品实有数 100 件。用企业以前技术方法测定在产品完工率为 70%，但本月该企业在产品完工率却为 40%。

（2）问题分析。按 70%的完工率计算出在产品的约当产量应为 70 件。按 40%的完工率计算出在产品的约当产量为 40 件。这样实际参与分配生产费用的在产品数量比应该参与分配生产费用的在产品的产量少计 30 件。该企业期初在产品成本 100 万元，本期发生生产费用 250 万元，月末产成品数 150 件，月末产品成本为 238. 64 万元=（250+100）÷（150+70）×150，而企业现有产成品成本为 276. 32 万元=（250+100）÷（150+40）×150。

企业在产品约当产量减少，虚减了在产品成本，虚增了产成品成本 37. 68 万元，从而加大了产品销售成本，减少了利润，少交了所得税。

（3）调账处理。

借：生产成本——基本生产　　　376 800

贷：以前年度损益调整　　　　376 800

补交所得税，税率为25%，其会计分录为：

借：以前年度损益调整　　　　　　　94 200

　　贷：应交税费——应交所得税　　　94 200

借：以前年度损益调整　　　　　282 600

　　贷：利润分配——未分配利润　282 600

以净利润的10%计提盈余公积，50%向投资者分配股利，做如下分录：

借：利润分配　　　　　　　　169 560

　　贷：盈余公积　　　　　　　28 260

　　　　应付股利　　　　　　　141 300

例题二：（1）资料概述。审计人员在审查某企业生产成本报表时，发现该企业从2011年6月开始产成品的成本有明显的上升，进一步检阅生产成本明细账，从中看出燃料和动力费用项目的提高是造成产品成本提高的主要原因。审计人员于是检查了总账，发现企业“长期借款”增加和“在建工程”账户的借方余额加大，大致确定企业有新工程；又检查了银行存款日记账，获知电费支出增加了将近一倍，进一步检查“在建工程”明细账中新上项目自营建造生产车间，并没有电费支出的项目；检阅外购动力费分配表，将增加的电费10 000元全部计入了“燃料和动力费”项目中。

（2）问题分析。原因找出了，该企业将工程支出用电费计入产品成本，加大了产品成本，少计了利润，少交了税款。

（3）调账处理。计算出计入产品成本的工程用电金额，并将计入产品成本的电费乘以13%，计算出应负担的增值税。企业在结账后，应做调整分录如下：

借：在建工程——自营工程　　　　　　　　　　11 300

　　贷：利润分配——未分配利润　　　　　　　　10 000

　　　　应交税费——应交增值税（进项税额转出）1 300

补交所得税 25%，补提法定盈余公积 10%，做如下分录：

借：利润分配——未分配利润　　3 500
　贷：应交税费——应交所得税　　2 500
　　　盈余公积——法定盈余公积　　1 000

例题三：（1）资料概述。某企业生产车间在 10 月份领用材料 100 万元，财务部门依据领料凭证直接列入“生产成本”账户中的直接材料费用项目中。由于超限额领料，年末剩余材料计 80 万元，其中产品加工完毕需退库的剩余材料计 40 万元。产品尚未加工需办假退库手续的结存材料计 40 万元。车间均未办理退回和假退料手续，财务部门也未做扣减材料费用的账务处理。

（2）问题分析。上述行为属于“虚增材料费用，减少当年利润”的舞弊行为。审查上述违规行为，常用的方法有审阅法、核对法、调查法和证实法等技术方法，审查程序可分为以下四步：

①审查生产成本明细账，看其记录的材料费用是否有数额过大的情况。如发现有数额过大的材料费用，应进行追踪审查。

②将上述疑点与有关账册进行核对。首先与材料明细账、记账凭证、材料费用分配表、领料单核对，看其是否有计算、分配和记账错误。如未发现错误，应再将领用数额与材料定额和限额核对，看其是否相符或相近，如领用数额超定额和限额数过大，应进一步追查多领的原因。

③调查多领用材料的数额和核实虚增材料费用的数额。采用审核法验证虚增材料费用对当年利润的影响数额。

④采用核实法验证由于虚增材料费用对当年利润的影响数额。

第二节　制造费用的审计

一、制造费用

制造费用是指企业内的分厂、车间为组织和管理生产所发生的各项费用，包括分厂、车间管理人员的工资、折旧费、维修费、修理费及其他制造费用（办公费、差旅费、劳保费等）。

制造费用一般是间接计入成本，当制造费用发生时一般无法直接判定它所归属的成本计算对象，因而不能直接计入所生产的产品成本中去，而需按费用发生的地点先行归集，月终时再采用一定的方法在各成本计算对象间进行分配，计入各成本计算对象的成本中。

产品制造费用核算的准确与否，直接影响到产品销售成本结转的正确性，进而影响当期的利润和应纳税所得额。因此，对制造费用的审查很有必要。

二、制造费用的舞弊形式

制造费用中常出现的舞弊形式有三种，具体如表 6-3 所示。

表 6-3　制造费用舞弊形式一览表

舞弊形式	具体表现
将属于制造费用列支的费用未列作制造费用	◇将车间的大修理费用列入在建工程。
将不属于制造费用内容的支出列作制造费用	◇将不属于成本开支范围的在建工程的人工费，在工资费用分配时计入制造费用。企业利用这种手法以达到加大产品成本，减少当期或近期的利润，以减少上缴所得税的目的。 ◇将属于期间费用的支出列为制造费用，如将车间工人外出学习的培训费，列入制造费用。 ◇将不属于当月列支的费用列入当月制造费用，如 11 月份支付的冬季取暖费，一次全部列入当月的制造费用。
任意提高费用开支标准、加大制造费用项目	◇如用缩短固定资产使用年限，或扩大提取折旧的固定资产的范围来提高折旧率，增大制造费用的折旧额，加大产品成本，少计利润，进而减少企业应缴纳的所得税。

三、制造费用舞弊的审查方法

为防范日常会计核算中出现的制造费用舞弊现象，审计人员应对制造费用进行审查，具体如表 6-4 所示。

表 6-4　制造费用审查方法说明表

审查项目	审查方法
审查修理费用	◇审查修理费是否确实发生，其支出是否合规、合理。 ◇根据权责发生制和收入与费用配比原则，查明计入当期成本的修理费数额是否正确、合理，日常修理费和大修理费的界限划分是否清楚。 ◇对某些支付给外单位或外包工的修理费，应审查价格是否合理等。
审查机物料消耗	◇机物料消耗是为维护固定资产等设备所消耗的各种材料，不包括修理用材料和劳动保护用材料。主要审查其开支的真实合理性，开支范围正确性。
审查办公费	◇应特别重视对办公费中的文具、印刷、邮电、办公用品等开支的原始凭证的审核，检查其发票或收据的抬头是否为被查企业，金额计算是否正确，有无将企业专设销售机构及工会开支的办公费混入制造费用的情况等。
审查差旅费	◇审查企业制定的差旅费开支标准是否合规、合理。与国家规定不相符的，查明原因，并按有关规定进行调查。 ◇将"差旅费"明细账与该项费用发生时的原始凭证进行核对，检查其内容是否真实、合规。
审查劳动保护费	◇审查劳动保护费的实际发生情况，检查发票是否经领导人或负责人签字，劳工保护用品是否按规定发放等。
审查停工损失	◇查账人员应对停工的原因分别予以检查，因季节性生产和大修理期间发生的停工损失，计入"制造费用"，其余的停工损失均计入"营业外支出"，对应由过失单位或个人负担的赔款，应从停工损失中扣除。
审查折旧费用	◇由于企业提取折旧的方法、折旧率一经确定就不能随意改动，因此，在审阅累计折旧明细账时，如果发现其折旧率各月之间高低起伏较大，应进一步审查估定资产总账及有关明细账，确定提取的折旧额的变化是因为设备递减造成的，还是因为折旧方法、折旧率变化所致，然后再确定问题。

三、例题分析

例题一：（1）资料概述。审计人员在审查某企业 2011 年"制造费用"时，发现该企业 5 月的制造费用数额明显增多，需要进行查阅。调出该业务的记账凭证，会计分录为：

借：制造费用　　　20 000
　　贷：累计折旧　　　20 000

询问相关财务人员，获悉企业将车间里出租的固定资产提取的折旧列入“制造费用”。

（2）问题分析。企业出租的资产租金收入，应计入“其他业务收入”，在出租过程中发生的成本、支出应计入“其他业务成本”，如出租固定资产计提的折旧、出租固定资产发生的修理费等。该企业这笔业务的会计处理违反了规定，同时也减少了其他业务成本，虚增了其他业务利润。

（3）调账处理。责令改正，调整的会计分录如下：

借：其他业务成本　　　20 000
　　贷：制造费用　　　20 000

例题二：（1）资料概述。审计人员在审阅某企业 2011 年“其他业务收入”账户时发现，12 月“其他业务收入”账户出租设备租金收入 25 000 元，但“其他业务成本”账户没有相应的折旧。在查阅“制造费用”账户时，发现企业会计将车间因闲置而出租设备提取的折旧列入“制造费用”，记账凭证的会计分录如下：

借：制造费用　　　12 000
　　贷：累计折旧　　　12 000

（2）问题分析。企业制度规定，出租设备过程中发生的成本、支出，包括出租固定资产计提的折旧，应与“其他业务收入”配比，列入“其他业务成本”。该企业一方面虚增产品生产成本，虚减主营业务利润，另一方面虚增其他业务利润。

（3）调账处理。经调查后，调账处理的会计分录如下：

借：其他业务成本　　　12 000
　　贷：制造费用　　　12 000

例题三：（1）资料概述。审计人员在查阅某生产企业 2012 年 5 月份总分类账时，发现制造费用的借方发生额与上月相比增加了38 000元，与该月的制造费用的计划相比也超过了38 000元。审计人员进一步审查5月份的制造费用明细账，发现其中有一笔摘要中注明固定资产安装费字样，金额为38 000元。审计人员怀疑其有错列制造费用的问题。

（2）问题分析。上述行为属于“为少交所得税，安装费充当修理费”的舞弊行为。首先，审计人员将该笔记账凭证调出，发现其账务处理如下：

借：制造费用——固定资产修理费　　38 000
　　贷：银行存款　　　　　　　　　　38 000

审计人员审阅记账凭证所附原始凭证，根据发票证明是公司电梯的安装费。通过进一步调查询问，证明公司电梯的安装费38000元应计入“在建工程”账户内。该企业故意将安装费充当修理费计入制造费用账户中。审计人员在取得有关证据后，向被查单位会计负责人提出此问题，被查单位供认不讳。

（3）调账处理。若是企业在年度结账后审查发现以上问题，因涉及以前年度的损益，应及时加以调整，增加上年度损益。编制如下会计分录：

借：在建工程——电梯安装费　　38 000
　　贷：以前年度损益调整　　　　38 000

补交企业所得税38 000×25%=9 500（元）。
补提盈余公积（38 000-9 500）×10%=2 850（元）
并做如下会计分录：

借：以前年度损益调整　　　　12 350
　　贷：应交税费-应交所得税　　9 500
　　　　盈余公积　　　　　　　2 850

例题四：（1）资料概述。审计人员对某工业企业进行审计，查账人员在审阅“制造费用”明细账时，发现生产车间本月的“制造费用”明细账中差旅费数额比较大，比本年以往月份的差旅费之和还要多，而企业在正常生产的情况下，车间生产工人出差的可能性比较小，以上两点引起审计人员的怀疑。

审计人员将本月所有制造费用中的差旅费原始凭证调出，通过对上述凭证的审查，又到医务处进行核查，得知生产车间本月有两位工人因工负伤，由于伤势较严重需到外地就医，两人差旅费列入了制造费用。

（2）问题分析。按照财务制度规定，工伤人员到外地就医的往返费用应列入职工福利费，不应计入制造费用，该企业会计人员这样做的目的是加大产品的制造成本，少计利润。上述行为属于“为减少福利开支，福利费列入制造费用”的舞弊行为。

（3）调账处理。经查假设金额为15 000元，应做如下会计分录：

借：应付职工薪酬——职工薪酬　　15 000

　　贷：利润分配——未分配利润　　15 000

利润增加15 000元，因此应补交的企业所得税15 000×25% = 3 750（元）。提取盈余公积（15 000-3 750）×10% = 1 125（元），其会计分录如下：

借：利润分配　　4 875

　　贷：应交税费——应交所得税　　3 750

　　　　盈余公积　　1 125

第三节　研发支出的审计

一、研发支出

研发支出是指在研究与开发过程中所使用的资产折旧、消耗的原材料、直接参与开发人员的工资及福利费、开发过程中发生的租金以及借款费用等。

二、研发支出的舞弊形式及审查

研发支出存在费用化和资本化的划分，在研发支出金额较大时，费用化与资本化的划分对企业的影响较大，因此这方面容易出现舞弊现象。

为防范日常会计核算中出现研发支出舞弊现象，首先，应将研发开发项目区分为研发阶段与开发阶段；其次，研发阶段的支出，于发生时计入当期损益；开发阶段的支出，同时满足资本化条件的，确认为无形资产。不符合资本化条件的计入当期损益；若确实无法区分研究阶段的支出和开发阶段的支出，将其全部费用化，计入当期损益。

三、例题分析

例题一：（1）资料概述。某企业 2013 年当期发生研发支出 1 000 万元，其中资本化形成无形资产的为 600 万元，会计处理：

发生时：

借：研发支出——费用化支出　　　　4 000 000
　　　　　　——资本化支出　　　　6 000 000
　　贷：原材料（银行存款、应付职工薪酬等）　10 000 000

期末，应将“研发支出”科目归集的费用化支出金额转入“管理费用”科目：

借：管理费用　　　　4 000 000
　　贷：研发支出——费用化支出　　4 000 000

研究开发项目达到预定用途形成无形资产时：

借：无形资产　　　　6 000 000
　　贷：研发支出——资本化支出　　6 000 000

“研发支出”科目期末借方余额，反映企业正在进行无形资产研究开发项目满足资本化条件的支出。会计上，计入当期“管理费用”的是 400 万元，符合资本化条件发生的支出构成无形资产成本，同时计入“无形资产”成本的 600 万元以后分期摊销。

（2）问题分析。企业为开发新技术、新产品、新工艺发生的研究开发费用，未形成无形资产计入当期损益的，在按规定实行 100%扣除的基础上，按研究开发费用的 50%加计扣除；形成无形资产的，按无形资产成本的 150%进行摊销。当期税法比会计多扣除 400×（1+50%）－400＝200（万元），应填列在开发新技术、新产品、新工艺发生的研究开发费用中。

（3）调账处理。假定无形资产的使用期为 10 年，在无形资产的使用期内，各年按会计准则年摊销额为 600÷10＝60（万元），各年按税法年摊销额为 600×150%÷10＝90（万元），10 年中，每一纳税年度调减应纳税所得额 90－60＝30（万元）。未来 10 年中，税前扣除额 400×（1＋50%）＋90×10＝1500（万元），而会计上作为管理费用抵减利润额 400＋60×10＝1000（万元），差异额为 500 万元。

第七章

财务报表审计

第一节　资产负债表审计

一、资产负债表

资产负债表反映的是被审计单位某一特定时日财务状况的报表，它是一种静态的会计报表。

二、资产负债表的舞弊形式

在实际工作中，资产负债表常见的舞弊形式主要表现在五个方面，如下表 7-1 所示。

表 7-1　资产负债表舞弊形式

舞弊形式	1. 资产负债表结构、形式没有按照企业会计制度的要求设置。
	2. 表内各项目的填列方法不正确，数据来源的计算方法不正确。
	3. 表内各项目填列的数据与会计账簿中记录的数据不一致。
	4. 资产负债表的填列，左边和右边两边的数据不平衡。
	5. 资产负债表与其他各种报表的勾稽关系不正确。

三、资产负债表舞弊的审查方法

审计人员可采用审阅法、复核法、核对法和比较分析法等对资产负债表进行审计，以防范舞弊现象的发生，具体说明如表 7-2 所示。

7-2　资产负债表舞弊防范说明

审查方法	具体说明
审阅法	◇审阅资产负债表的结构是否符合会计制度的规定。 ◇审阅资产负债表中列示的项目是否齐全、是否符合会计准则、会计制度的规定。 ◇审阅资产负债表的平衡关系，检查是否符合“资产＝负债+所有者权益”恒等式的平衡关系。
复核法	◇复核表内各项目金额的来源是否正确。 ◇复核表内合计数、总计数的计算是否正确。 ◇复核表内项目之间需要根据加减计算填列的金额，验算其是否正确。 ◇将表内有勾稽关系的数据进行复核。
核对法	◇将表内项目填列的数额和相关明细、总分类账内的数据进行核对。 ◇将会计报表之间的相关数据进行核对，检查其数据是否相符，如资产负债表与现金流量表中相关数据的核对。
比较分析法	◇将表内数据与上期或上年的数据进行比较并分析原因，检查是否存在异常。 ◇通过对流动比率、速动比率等指标的计算，查看企业偿债能力的强弱。 ◇通过对存货周转率的计算，检查资金利用效果和分析企业短期偿债能力的强弱。 ◇通过对资本金利率等指标的计算来检查企业的获利能力。 ◇通过负债权益比率的计算，检查负债资本的保障程度。

因此，遵循资产负债表一致性、稳健性和重要性的原则，在审计过程中会计处理方法要保持一致，资产负债表中各项目的具体审查内容如表 7-3 所示。

表 7-3　资产负债表具体项目审查表

审查项目	审查方法
库存现金	◇在每天的工作开始或结束时对库存现金进行盘点。 ◇抽查大额现金收支原始凭证，确认库存现金收支业务的合法性和正确性。

续表

审查项目	审查方法
银行存款	◇审阅、抽查银行存款日记账的收付记录。 ◇对一收一付金额相同事项，要进一步检查，确认是否有出租或出借银行账户情况。 ◇索要银行盖章的银行对账单，存在未达账项时编制银行存款余额调节表。
其他货币资金	◇审查其他货币资金的项目内容、数额及业务处理的合法性。
交易性金融资产	◇盘点有价证券并核对其有效性及所有权。 ◇检查有价证券的入账基础以及购入或售出的有关凭证。 ◇检查有价证券的可变现情况以及有无利用交易性金融资产跌价准备计提来调节利润。
应收票据	◇监督、盘点库存票据，核对其有效性与所有权。 ◇复核应收票据的利息收入是否计算正确，并且增加“应收票据”的项目数。 ◇对已贴现的应收票据，其贴现额与利息额的计算是否正确，会计处理方法是否正确。 ◇检查已贴现的商业承兑汇票是否在报表附注中披露，如上市公司对已贴现或用作抵押的应收票据情况和原因是否在报表附注中披露。
应收股利、应收利息	◇检查企业收取现金股利的清单及有关投资协议，检查有无将被投资方分配的股票股利也放在本项目中反映。 ◇检查企业购入债券的利息计算是否正确，账务处理是否正确。
应收账款、其他应收款	◇检查大额或业务往来频繁或挂账时间较长的应收账款与其他应收款，确认其记录是否正确，并借以发现问题。 ◇必要时应向债务人进行函证。 ◇编制或索取应收账款、其他应收款账龄分析表、分析了解应收账款、其他应收款的可回收性，着重查明一年以上未收到款项的原因。 ◇检查企业提取坏账准备的方法，看计提比例是否合适，利用分析性复核，查明坏账准备的计提比例是否发生重大的波动，有无利用坏账准备的计提调节利润，坏账准备的计提和坏账发生业务处理是否准确。
预付账款	◇核对有关凭证和账簿记录，核对预付账款的正确性。 ◇检查预付账款是否根据协议合同规定，对于需要进一步查明的大额预付款项，要向收款方取得函证。 ◇检查预付账款转为有关资产或费用的情况，确认预付账款的处理是否准确。

续表

审查项目	审查方法
存货	◇核对存货期初余额与上一期期末存货余额，看是否一致。 ◇检查存货采购业务是否合理、合规、存货入账价值是否正确，有关现金的处理是否正确。 ◇检查存货发出的计价方法选用是否合适，是否遵循一惯性原则，有无随意改变计价方法的情况，材料、商品等的领用或售出有无违反法规的行为。 ◇检查存货期末计价是否正确，主要检查“存货跌价准备”的计提金额和账务处理是否正确，有无利用计提准备金调节利润的情况。
其他流动资产	◇检查时要注意其他流动资产的内容是否合理、合规，有无不应列入其他流动资产的项目。
可供出售 金融资产	◇复核可供出售金融资产的期末公允价值是否合理，检查会计处理是否正确。 ◇复核持有至到期投资转化为可供出售金融资产的依据是否充分，会计处理是否正确。
持有至到期投资	◇对期末结存的持有至到期投资的资产，核实被审查单位持有的目的和能力，检查本科目核算范围是否恰当。 ◇结合投资收益科目，复核计算利息采用的利率是否恰当，相关会计处理是否正确，检查持有至到期投资持有期间收到的利息会计处理是否正确。 ◇检查债券投资票面利率和实际利率有较大差异时被检查单位采用的利率及其计算方法是否正确。 ◇当有客观证据表明持有至到期投资发生减值的，应当复核相关资产项目的预计未来现金流量现值，并与其账面价值进行比较，检查相关准备计提是否充分。 ◇检查持有至到期投资转化为可供出售的金融资产时，账务处理是否正确，是否应该将剩余的持有至到期投资结转。
长期应收款	◇审查长期应收款是否为企业融资租赁产生的应收款项和采用递延方式分期收款及具有融资性质的销售商品和提供劳务等经营活动产生的应收款项。 ◇审查长期应收款是否按照承租人或购货单位等进行明细核算。
长期股权投资	◇查阅投资协议、合同，确认股权投资的股权比例和持有时间，检查股权投资核算方法是否正确。 ◇检查长期股权投资在权益法下核算收益分配或亏损负担份额是否与投资所占比例相符，除净损益外被投资单位所有者权益的其他变动，是否调整计入所有者权益。 ◇对于采用成本法核算的长期股权投资，检查股利分配的原始凭证及

续表

审查项目	审查方法
	分配决议等资料确定会计处理是否正确。 ◇计算投资收益占利润总额的比例，分析被查单位在多大程度上依赖投资收益，判断被查单位盈利能力的稳定性。 ◇对期末长期股权投资进行逐项检查，以确定长期股权投资是否已经发生减值，减值准备计提依据是否充分，减值准备一经计提不得转回。 ◇将当前确认的投资收益与从被投资单位实际获得的现金流量进行比较分析。 ◇将重大投资项目与前年度进行比较，分析其是否存在异常变动。
固定资产	◇对固定资产实地观察以确定其存在性。 ◇检查固定资产增加和减少的有关手续是否经过批准、是否完备齐全。 ◇对固定资产累计折旧和修理费进行分析性复核。 ◇检查租入的固定资产是否确属企业必需，或出租的固定资产，其租金收入所附签订合同，有无多收少收现象。
无形资产	◇检查无形资产的入账基础，核对有关文件、凭证，查明无形资产所包括的内容是否符合有关规定，其计价是否正确。 ◇检查无形资产减值准备的计提是否符合规定，有无以计价准备金来调节利润的情况。 ◇检查无形资产摊销的确定及有关摊销的账务处理是否正确。
长期待摊费用	◇检查所包括的项目内容是否符合规定，查明其摊销方法、摊销期账务处理是否符合规定，以及有无利用该账户人为地调节利润的情况。
递延所得税资产	◇检查被查单位是否在资产负债表日对递延所得税资产的账面价值进行复核。 ◇检查递延所得税资产增减变动记录，以及可抵扣暂时性差异形成的原因，确定是否符合规定、计算是否正确，预提转销期是否适当。
其他非流动资产	◇应注意其内容是否合理、合规，有无应该单独列示于非流动资产的项目。
短期借款	◇检查借款凭证、数额和账簿记录，必要时向借款银行函证。 ◇检查短期借款增加和减少的有关合同、授权批准单、原始凭证。 ◇复核借款利息，看有无多算少算利息的情况。
交易性金融负债	◇根据有关的债务资料，审查交易性金融负债的真实性和完整性，必要时向对方单位函证。 ◇审查交易性金融负债的处理是否正确，特别注意公允价值的合理性，是否存在低估公允价值调增利润的情况。

续表

审查项目	审查方法
应付票据	◇核对账目金额和应付票据明细表。 ◇核对账簿记录和有关凭证。 ◇对重要的应付票据向债权人进行函证。 ◇复核、计算应付票据利息、费用的支付情况。
应付账款、预收账款	◇核对有关凭证和账簿记录。 ◇对重要的应付和预收账款，向债权人进行函证。 ◇分析长期挂账的应付账款，要求被检查单位做出解释，判断被审查单位是否缺乏偿债能力或利用应付账款隐瞒利润。 ◇利用应付账款对存货的比率、应付账款对流动负债的比率，并与以前期间对比分析，评价应付账款整体的合理性。 ◇利用存货、主营业务收入和主营业务成本的增减变动幅度，判断应付账款增减变动的合理性。 ◇核对到货验收记录与应付账款的记录是否一致，以及核对发货记录与预付账款的转销是否一致等。
应付职工薪酬	◇检查各月工资费用的发生额是否有异常变动，若有则要求被查单位予以解释。 ◇将本期工资费用总额与上期进行比较，要求被查单位解释增减变动原因。 ◇检查工资计提是否正确，将计提数与相应成本费用项目核对，看是否一致。
应交税费	◇审查不需要预计应交数所缴纳的税金，是否在本科目内核算。 ◇审查应交税费是否按照应交税费的税种进行明细核算。
应付股利	◇检查公司章程和股东会议决议中有关股利的规定，了解股利分配标准和发放方式是否符合有关规定并经法定程序批准。 ◇复核应付股利计算和会计处理的正确性。
应付利息	◇检查核算应付利息所用利率是否正确。 ◇复核应付利息收付与财务费用相对应。
其他应付款	◇检查长期未结算的其他应付款，并作妥善处理。 ◇检查其他应付款中关联方的余额是否正确。
其他流动负债	◇检查其内容是否合理、合规，有无应该单独列示于流动负债的项目。

续表

审查项目	审查方法
长期借款	◇检查年度内增加的长期借款，检查借款合同和授权批准，查明借款利率、偿还期限、限制和担保条件。 ◇向银行函证重大的长期借款。 ◇对年度内减少的长期借款，应检查相关记录，核实还款数额。 ◇复核利息计提是否正确，计算长期借款在各个月份的平均余额，匡算利息支出总额，并与财务费用相关记录核对，判断被查单位是否高估或低估利息支出，用以调节利润。
应付债券	◇检查债券交易有关原始凭证及有关债券发行的批准文件。 ◇检查应计利息、债券溢（折）价摊销及会计处理是否正确。 ◇函证“应付债券”账户期末余额。 ◇验算应付债券利息计算是否正确。
长期应付款	◇检查各项长期应付款相关的契约，有无抵押情况。 ◇检查各项长期应付款本息的计算是否准确，会计处理是否正确。
预计负债	◇检查各项目的内容是否合理，有无不该列入的情况。 ◇检查相关账务处理是否正确。
专项应付款	◇检查专项应付款是否专项专用。
递延所得税负债	◇检查其增减变动情况，以及应纳税暂时性差异形成的原因确定是否符合有关规定。 ◇检查是否有确认商誉时确认递延所得税负债的情况。
实收资本	◇审阅公司章程实施细则和股东大会、董事会会议记录。 ◇检查股东是否按公司章程、合同、协议规定的出资方式出资，各种出资方式之比例是否符合规定。 ◇向主要投资者函证实收资本额。 ◇检查增减实收资本的有关手续是否齐备，如有关内容清单、验资证明及其他凭证，有关减资的审批手续等。
资本公积、盈余公积等	◇检查资本公积和盈余公积增减变动的内容及其依据。 ◇检查资本公积、盈余公积计算方法及账务处理是否正确。
未分配利润	◇检查利润分配比例是否符合合同章程以及董事会纪要的规定。 ◇查证利润分配数额及年末未分配数额是否正确。

四、例题分析

例题一：某股份公司因生产发展的需要，急需融资，公司决定对外发行债券，委托A会计师事务所审计人员对本公司的财务报表进行审计。该公司的资产负债表如下：

资产负债表

编制单位：某股份公司　　日期：2013年12月31日　　单位：元

资产	年初数	期末数	负债和所有者权益	年初数	期末数
流动资产：			流动负债：		
货币资金	1 573 000	780 563	短期借款	250 000	50 000
短期投资	14 000		应付票据	200 000	120 000
应收账款	240 000	450 000	应付账款	765 000	765 000
应收票据	354 000	28 000	应付工资	100 000	100 000
减：坏账准备	750	2 000	应付福利费	10 000	80 000
应收账款净额	239 250	448 000	应交税费	30 000	274 000
预付账款	80 000	80 000	其他应交款	6 500	6 500
其他应收款	4 000	4 000	其他应付款	50 000	50 000
存货	3 240 000	3 445 000	一年内到期的长期负债	1 200 000	
流动资产合计	5 504 250	4 785 563	流动负债合计	2 605 500	1 445 500
长期投资：			长期负债：		
长期股权投资	230 000	230 000	长期借款	600 000	2 788 000
固定资产：					
固定资产原价	1 600 000	2 500 000			
减：累计折旧	400 000	170 000			
固定资产净值	1 200 000	2 330 000			
在建工程	1 500 000	2 401 000	所有者权益：		

续表

资产	年初数	期末数	负债和所有者权益	年初数	期末数
固定资产合计	2 700 000	4 731 000	实收资本	6 000 000	6 000 000
无形资产及其他资产:			盈余公积	153 750	185 847.15
无形资产	650 000	600 000	其中：公益金		11 895.05
长期待摊费	275 000	275 000	未分配利润		202 215.85
无形资产及其他合计	925 000	875 000	所有者权益合计	6 150 000	6 388 063
资产合计	9 359 250	10 621 563	负债和所有者权益总计	9 359 250	10 621 563

通过对该股份公司资产负债表的审阅，可以看出该公司所编报的资产负债表，其结构符合现行会计准则和会计制度规定，各项目填列齐全。

为了提高查找资产负债表舞弊的准确性，提高查证的工作效率，审计人员可以对资产负债表的主要项目进行审查。

(1)“应收账款”项目

应收账款年初数为 240 000 元，期末数为 450 000 元，差异数为+210 000 元。审计人员应进一步审阅应收账款明细账和预收账款明细账，并采用函证的方法证实其真实性，查看有无通过虚构该项目以虚增利润的情况。

(2)“预付账款”项目

预付账款年初数为 80 000，期末数为 80 000，差异数为 0 元。审计人员应进一步审阅预付账款明细账和应付账款明细账，尤其应注意年初至期末一直未发生增减变动的合理性，查看是的确与对方单位存在纠纷，还是人为虚挂账户。

(3)“存货”项目

存货年初数为 3 240 000 元，期末数为 3 445 000 元，差异数为+205 000 元。虽然存货期末较年初资金占用额增加 205 000 元，但是总体数额还是比较高的。因此，审计人员需要进一步审查产成品、材料等项目，审查其储备数额的合理性，是否存在超储积压现象。

（4）“长期股权投资”项目

长期股权投资年初数为230 000元，期末数为230 000元，差异数为0元。对于该项目的审查，主要从核算方法入手，审查各投资项目是否对被投资单位构成控制或重大影响。若存在控制或重大影响，应采用权益法核算，反之，则采用成本法核算。

（5）“固定资产”项目

固定资产年初数为1 600 000元，期末数为2 500 000元，差异数为+900 000元。对于900 000元的增加额，审计人员应重点审查固定资产明细账，检查是否存在违规、违法购建固定资产，以证实增减变动的真实性、合规性以及合理性。

（6）“累计折旧”项目

累计折旧年初数为400 000元，期末数为170 000元，差异数为-230 000元。但是，该公司“固定资产”项目的变动差异数为+900 000元，而“累计折旧”项目的变动差异数为-230 000元，这是一种不正常现象。因此，审计人员应重点从以下两个方面进行审查。首先，审查本年度运用折旧方法的合理性，查看是否上一年度一些固定资产采用了加速折旧法，而本年度采用了平均年限法。其次，审查折旧基数和折旧率运用的合规性。

（7）“长期待摊费用”项目

长期待摊费用年初数为275 000元，期末数为275 000元，差异数为0元。该项目审查应从明细账入手，证实其是否遵守了权责发生制，是否存在为虚增利润而长期挂账的现象。

（8）“应付账款”项目

应付账款年初数为765 000元，期末数为765 000元，差异数为0元。应付账款项目差异数为0，这是一种不正常现象，对此审计人员应进一步审查应付账款明细账和预付账款明细账，重点业务需要向债权人函证，查证有无长期挂账、隐瞒负债现象，以及确认应付账款的真实性。

（9）“应付工资”项目

应付工资年初数为100 000元，期末数为100 000元，差异数为0元。应付账款年初数与期末数的差异数为0，显然是一种不正常现象，对此审计人员应进一步审查应付工资明细账以及工资结算表，查证是否存在长期拖欠工资现象，以证实工资核算的合规性。

（10）“应交税费”项目

应交税费年初数为 30 000 元，期末数为 274 000 元，差异数为-244 000 元。对于应交税费的审查，审计人员应重点审查各明细账，尤其是增值税、消费税和所得税等税种的审查，查看有无长期拖欠现象。

第二节 利润表的审计

一、利润表

利润表是反映企业一定时期经营成果的会计报表，它反映了企业收入、成本、费用、税收情况，揭示了企业利润的构成和实现过程，是企业内外部相关利益者了解企业经营业绩的主要窗口，为企业分配利润和评价企业经营管理业绩提供了重要依据。

二、利润表的舞弊形式

在实际工作中，利润表常见的舞弊形式主要有五种，具体如表 7-4 所示。

表 7-4 利润表的舞弊形式

舞弊现象	1. 利润表结构、形式没有按照企业会计制度的要求设置。
	2. 利润表反映的内容不真实、不合法。
	3. 表内各项目的填列方法不正确，数据来源的计算方法不正确。
	4. 表内各项目填列的数据与会计账簿中的记录数据不一致。
	5. 表内各项目的数据与其他各种报表中的数据勾稽关系不正确。

三、利润表舞弊的审查方法

为了如实反映经济上业务发生和完成情况，充分发挥会计监督职能，保证会计信息的可靠，审计人员可采用审阅法、复核法、核对法和比较分析法等对利润表进行审计，防范利润表舞弊，具体如下表 7-5 所示。

表 7-5　利润表舞弊审查方法说明表

审查方法	具体说明
审阅法	◇审阅利润表的结构是否符合会计制度的规定。 ◇审阅利润表中列示的项目是否齐全，是否符合企业会计准则、会计制度的规定。 ◇审阅表内各项目的金额是否有异常。
复核法	◇复核表内各项目金额的来源否正常。 ◇复核表内各项目之间需根据加减计算填列的金额，验算其计算是否正确。 ◇将表内有勾稽关系的数据进行复核。
核对法	◇将表内项目填列的数额与相关明细账、总分类账内的数额进行核对。 ◇将利润表与其他会计报表之间的相关数据进行核对，检查其数额是否相符。
比较分析法	◇将表内数据与上期或上年的数据进行比较并分析原因，检查是否存在异常。 ◇计算比较近期产品成本利润率，来分析企业当期的盈利水平。 ◇计算比较销售利润率，分析企业当期获利能力的强弱。 ◇计算比较企业成本费用利润率，了解企业获取一定的收入需要付出多大代价，这有利于找出降低成本费用的途径。

利润表具体项目的审查如表 7-6 所示。

表 7-6　利润表具体项目的审查

审查项目	审查方法
主营业务收入	◇获取产品价格目录，抽查售价是否符合价格政策，并注意销售给关联方或关系密切的重要客户的产品价格是否合理，有无低价或高价结算，以转移收入的现象。 ◇抽取一定数量的销售发票，审查开票、记账数量单价金额是否与发货单、销售合同一致。 ◇审阅账簿记录并核对凭证，查明企业已发生的销货退回、销售折让，有关手续和账务处理是否正确，是否按规定作为主营业务收入的抵减项目处理。 ◇检查年终、年初有无将某些主营业务收入有意推迟至下期或提前至本期，以达到调节利润的目的。 ◇对主营业务成本的审查，应通过审阅主营业务收入明细账、产成品明细账等记录并核对有关的原始凭证和记账凭证进行。

续表

审查项目	审查方法
	◇分析比较本年度与上年度主营业务成本，以及各月份主营业务成本金额，如有重大波动和异常，应查明原因。 ◇结合生产成本审查、抽查销售成本结转数额的正确性，并检查其是否与销售收入配比。
营业税金及附加	◇由于营业税金及附加是销售环节中针对营业收入这一流转额而征纳的税，所以对该项目审查要注意。 ◇结合主营业务收入的审查，进一步复核计算相应税金正确与否。 ◇注意个别税如城建税和教育费附加税是“税上税”，计税基数是增值税、消费税、营业税合计，有无用营业税额直接乘以税率的错误算法。
其他业务利润	◇通过抽查凭证和账簿记录，主要检查其他销售收入所包括的内容范围是否符合规定，如收取的经营性租金收入，出售多元材料，工业企业对外提供维修、运输等非工业性劳务收入。 ◇审查中要注意审查其他业务的真实性，有无出售多余材料或外购商品不入账，隐瞒收入，私设“小金库”，用于非法开支等情况。 ◇抽查大额其他业务收支项目，注意其他业务支出与其他业务收入的配比，有意无意地多转少转或漏转其他业务支出情况。 ◇与上期其他业务利润比较，了解重大波动的原因，分析其合理性，追查异常的其他业务收支项目。
销售费用	◇检查销售费用的项目设置和开支是否符合有关规定，查明其项目设置是否划清与其他费用的界限。 ◇将本期销售费用与上期销售费用进行比较，并将本期各月销售费用进行比较，如有重大波动和异常情况应查明原因。 ◇选择重要或异常的销售费用，检查其原始凭证是否合法、会计处理是否正确，检查有无跨期入账进行人为调节利润的现象。
管理费用	◇检查管理费用的项目设置和开导是否符合有关规定，查明其项目设置是否划清其他费用的界限。 ◇将本期管理费用与上期管理费用相对比，并将本期各月管理费用进行比较，若有较大波动或异常情况应查明原因。 ◇选择重要或异常管理费用，检查其原始凭证是否合法、会计处理是否正确，检查有无跨期入账进行人为调节利润的现象。
财务费用	◇将本期、上期财务费用各项目明细账目做比较分析，必要时比较本期各月财务费用，如有重大波动和异常情况，应查明原因，扩大检查范围或增加测试量。 ◇检查利息支出明细账，确认利息支出的真实性及正确性，检查各项借款期末应计利息有无预计入账，注意检查现金折扣的会计处理是否正确。

续表

审查项目	审查方法
投资收益	◇查阅“投资收益”账户记录及有关账户记录，并核对凭证，确定投资收益核算内容及会计账务处理的正确性。 ◇计算投资收益占利润总额的比例，分析被查单位在多大程度上依赖投资收益，判断被查单位盈利能力的稳定性。 ◇将重大投资项目与以前年度进行比较，分析是否存在异常变动。

四、例题分析

例题一：审计人员李某和刘某接受委托，于2014年2月1日至15日对某股份公司2013年度的利润表进行审计（该股份公司2013年度编报的利润表如下表所示）：

利润表

编制单位：某股份公司　　日期：2013年12月31日　　单位：元

项目	上期金额	本期金额
一、营业收入	3 140 000	4 250 000
减：营业成本	658 000	750 000
营业税金及附加	23 000	28 000
销售费用	38 420	46 082
管理费用	12 760	98 750
财务费用	25 960	31 200
资产减值损失	35 230	41 500
加：公允价值变动收益（损失以“-”填列）	236 450	315 420
投资收益（损失以“-”填列）	145 310	189 230
二、营业利润（亏损以“-”填列）	2 728 390	3 759 118
加：营业外收入	49 680	51 500
减：营业外支出	45 463	54 230

续表

项目	上期金额	本期金额
其中：非流动资产处置损失	25 860	28 000
三、利润总额（亏损以“-”号填列）	2 706 747	3 728 388
减：所得税费用（税率25%）	676 687	932 097
四、净利润（净亏损以“-”号填列）	2 030 060	2 796 291

通过对某股份公司利润表的审阅，可以看出该公司所编报的利润表，其结构符合现行会计准则和会计制度规定，各项目填列齐全。

审查要点：为增强查找利润表舞弊的准确性，提高查证工作效率，审计人员可以从以下三点进行审查。

（1）审查利润表的编制依据是否符合规定。

（2）审查利润表的编制内容是否正确。

如：利润表的“本期金额”反映的是自年初起到本期止的累计发生数，查看是否根据上月利润表的“累计数”加上本月利润表的“本月数”计算填列；利润表中的重点项目是否存在异常或可疑，如果发现某项目比重不正常（偏大或偏小，或与前期数据相比较发现其差异较大，或与经济情况不符）则应把这些项目作为重点审计对象。

（3）审查利润表的勾稽关系是否正确。

首先，审查利润表内的勾稽关系是否正确。审计表内项目填写是否完备，有无漏填或错行错格，其计算是否按规定步骤进行。如主营业务利润=主营业务收入-主营业务成本-营业税金及附加；营业利润=主营业务利润+其他业务利润-销售费用-管理费用-财务费用；利润总额=营业利润+投资收益+营业外收入-营业外支出；净利润=利润总额-所得税费用。如果上述勾稽关系不正确，则说明可能存在舞弊，需要查明原因。

其次，利润表与其他相关账簿记录间勾稽关系是否正确。利润表是根据有关账户的期末余额填列的，所以要审计利润表各项目的金额与有关明细账账户的期末余额是否一致，利润表各项目的金额与总账的本期发生额及余额是否相等。

例题二：（1）资料概述。2011 年 10 月，某企业查账人员在检查利润表和现金流量表时，发现本月主营业务收入增加不少，但是在现金流量表中“销售商品或提供劳务收取的现金”一栏却没有太大变化，于是查账人员在审阅银行存款日记账时，发现 10 月 18 日 30 号记账凭证的摘要为“甲公司退货”，金额为 200 000 元。该笔货款的收款时间为 9 月 15 日。

（2）问题分析。调阅上述问题的收款凭证，其会计分录为：

借：银行存款　　　　　200 000
　　贷：应收账款　　　　　200 000

所附原始凭证为银行进账单一张，付款方为 A 公司。查证人员进一步调阅了退货记账凭证，其会计分录为：

借：主营业务收入　　　　　　200 000
　　贷：银行存款　　　　　　　200 000

该凭证后面所附原始凭证有两张，一张为转账支票，另一张为分公司的退货发票。

在这里，值得怀疑的地方有：从 A 公司收款，为什么退款却转到了本市甲公司的账号上？于是查账人员对 A 公司进行了函证，获悉 A 公司并没有发生任何退货业务。

（3）调账处理。公司经理承认甲公司是利用与银行员工的关系开设的，是公司的“小金库”。公司利用假退货的形式私开黑户作为公司的“小金库”，总额已达到 500 000 元。经过调查之后，公司对经理和其他相关人员给予了降职处分，将甲公司的全部收入都归该公司所有，并撤销了甲公司账户。

第八章 审计工作底稿与审计报告

第一节 审计工作底稿

一、审计工作底稿

审计工作底稿是审计过程中形成的全部工作记录和获取的资料，是审计证据的载体，也是形成审计结论的依据。

二、审计工作底稿编制要求

审计工作底稿的编制应满足如下要求，如表 8-1 所示。

表 8-1 审计工作底稿的编制要求

资料翔实	记录在审计工作底稿上的各类资料来源真实可靠，内容完整。
重点突出	审计工作底稿应该突出重点，力求反映对审计结论有重大影响。
繁简得当	审计工作底稿应当对重要内容详细记录，对一般内容简单记录。
结论明确	注册会计师应在审计工作底稿中对该项审计项目明确表达其最终专业判断意见。
要素齐全	构成审计工作底稿的基本要素应齐全完备。
格式规范	审计工作底稿应采用规范格式，尽量选择执业规范指南中给出的参考格式。
标识一致	审计符号的含义应保持前后一致，并明确反映在审计工作底稿上。
记录清晰	审计工作底稿的记录内容应清晰连贯，做到文字端正、计算准确。

三、例题分析

例题一：下表所示，为现金收支截止性测试表，是资产类账户审计工作中库存现金审计的工作底稿之一。

现金收支截止性测试表

被审计单位名称：　　编制人：　　日期：　　索引号：XJ-3

会计期间或截止日：　　复核人：　　日期：　　页次：

测试凭证内容					收支归属时间	
日期	凭证号	摘要	借方金额	贷方金额	审计年度	以后年度
合并			—	—		
合并			—	—		

说明：现金收支截止性测试表主要用以记录库存现金审计过程中，关于现金收支截止性测试的有关信息，为审查会计期间内各项现金收支的记账处理有无跨期现象提供判断依据。

例题二：下表所示，为银行存款余额调节表，是资产类账户审计工作中银行存款审计的工作底稿之一。

银行存款余额调节表

被审计单位名称：　　编制人：　　日期：　　索引号：YHCK-3

会计期间或截止日：　　复核人：　　日期：　　页次：

银行对账单余额		企业银行存款日记账余额	
加：企业已收、银行未收金额		加：银行已收、企业未入账金额	
减：企业已付、银行未付金额		减：银行已付、企业未入账金额	
调整后余额		调整后余额	
经办会计：		会计主管：	

币种：　　**币种：**

审计说明：

审计结论：

说明：银行存款余额调节表主要用于核对或检查银行存款的企业账目与银行账目之间的差异，倘使调节后的余额相等，则表明账目没有差错。该表不仅记录了调节过程的具体信息，同时也是银行存款审计中关于账目审查的重要判断依据。

例题三：下表所示，为短期借款检查表，是负债类账户审计工作中短期借款审计的工作底稿之一。

短期借款检查表

被审计单位名称：　　编制人：　　日期：　　索引号：DQJK-3

会计期间或截止日：　　复核人：　　日期：　　页次：

项目	未审金额	凭证号	检查、核对记录					调整金额	审定金额
			1	2	3	4	5		
一、期初余额									
二、本期借入									
三、本期归还									
四、期末余额									

续表

项目	未审金额	凭证号	检查、核对记录					调整金额	审定金额
			1	2	3	4	5		
五、逾期情况									
六、利息支付情况									
七、担保、抵押情况									
检查、核对提示： 与借款合同核对相符； 与贷款信息卡核对相符； 与函证结果核对相符； 与银行入账、支出凭证核对相符。			审计说明及结论：						

说明： 短期借款检查表主要记录了会计期间内，企业短期借款明细状况的检查与核对信息，是短期借款审计结果的重要判断依据。

例题四： 下表所示，为应付票据细节测试底稿，是负债类账户审计工作中应付票据审计的工作底稿之一。

应付票据细节测试底稿

被审计单位名称： 编制人： 日期： 索引号：YFPJ-4-2

会计期间或截止日： 复核人： 日期： 页次：

日期	凭证编号	摘要	科目名称	明细科目	借方金额	贷方金额	核对内容					附件
							1	2	3	4	5	

核对说明：

审计结论：

说明： 应付票据细节测试底稿主要记录了应付票据的核对信息，是应付票据实有数是否真实、准确且账实相符的审计判断依据。

例题五：下表所示，为应交增值税测算表附列资料，是负债类账户审计工作中应交税费审计的工作底稿之一。

应交增值税测算表附列资料

被审计单位名称：　　编制人：　　日期：　　索引号：YJSF-3-1

会计期间或截止日：　　复核人：　　日期：　　页次：

<table>
<tr><td rowspan="4">财务指标</td><td colspan="2">项目名称</td><td>上期数</td><td>本期数</td><td>审计调整</td><td>调整后</td></tr>
<tr><td colspan="2">产品（商品）销售收入</td><td></td><td></td><td></td><td></td></tr>
<tr><td colspan="2">产品（商品）销售成本</td><td></td><td></td><td></td><td></td></tr>
<tr><td colspan="2">产品（商品）销售利润</td><td></td><td></td><td></td><td></td></tr>
<tr><td rowspan="5">销项发票</td><td>项目名称</td><td>份数</td><td>金额</td><td>金额</td><td></td><td></td></tr>
<tr><td>开具增值税专用发票</td><td></td><td></td><td></td><td></td><td></td></tr>
<tr><td>开具普通发票</td><td></td><td></td><td></td><td></td><td></td></tr>
<tr><td>未开具发票</td><td></td><td></td><td></td><td></td><td></td></tr>
<tr><td>小计</td><td></td><td></td><td></td><td></td><td></td></tr>
<tr><td rowspan="7">进项发票或凭证</td><td>项目名称</td><td>份数</td><td>税额</td><td>税额</td><td></td><td></td></tr>
<tr><td>增值税专用发票抵扣联</td><td></td><td></td><td></td><td></td><td></td></tr>
<tr><td>农产品收购凭证或普通发票</td><td></td><td></td><td></td><td></td><td></td></tr>
<tr><td>废旧货物收购凭证</td><td></td><td></td><td></td><td></td><td></td></tr>
<tr><td>进口货物海关完税凭证</td><td></td><td></td><td></td><td></td><td></td></tr>
<tr><td>运费普通发票</td><td></td><td></td><td></td><td></td><td></td></tr>
<tr><td>小计</td><td></td><td></td><td></td><td></td><td></td></tr>
<tr><td>审计结论</td><td colspan="6"></td></tr>
</table>

说明：应交增值税测算表附列资料主要记录了应交增值税各个项目的测算信息，是应交税费审计的重要依据。

例题六：下表所示，为实收资本（股本）导引表，是所有者权益类账户审计工作中实收资本（股本）审计的工作底稿之一。

实收资本（股本）导引表

被审计单位名称：　　编制人：　　日期：　　索引号：

会计期间或截止日：　　复核人：　　日期：　　页次：

序号	投资方	未审数	调整数		审定数	调整原因
			借方	贷方		
1						
2						
3						
4						
5						
6						
合计						

说明：实收资本（股本）导引表主要记录了会计期间内企业实收资本（股本）的明细信息，是实收资本（股本）审计的重要资料证据。

例题七：下表所示，为资本公积实质性测试表，是所有者权益类账户审计工作中资本公积审计的工作底稿之一。

资本公积实质性测试表

被审计单位名称：　　编制人：　　日期：　　索引号：

会计期间或截止日：　　复核人：　　日期：　　页次：

项目	期初余额	本期增加	本期减少	期末余额	备注
资本（或股本）溢价			—		
接受捐赠非现金资产准备			—		
接受现金捐赠			—		
股权投资准备			—		
拨款转入			—		
外币资本折算差额			—		
其他资本公积			—		
转增资本（或股本）			—		

说明：资本公积实质性测试表主要记录了资本公积审计过程中实质性测试的有关信息，是资本公积审计结论的重要依据，也是审计证据的重要载体。

例题八：下表所示，为主营业务成本明细表，是成本类账户审计工作中主营业务成本审计的工作底稿之一。

主营业务成本明细表

被审计单位名称：　　编制人：　　日期：　　索引号：YYCB-2

会计期间或截止日：　　复核人：　　日期：　　页次：

项目	上年数			本年数			工作底稿索引号	备注
	调整前	审计调整	调整后	调整前	审计调整	调整后		
合计	–	–	–	–	–	–	–	–

审计说明：

审计结论：

说明：主营业务成本明细表主要记录了会计期间内，企业主营业务的明细情况，以及经过审计所进行的调整。该表所记录的信息是成本类账户审计的重要资料与证据，也是审计结论形成的重要依据。

例题九：下表所示，为开（研）发支出检查表，是成本类账户审计工作中开（研）发支出审计的工作底稿之一。

研发支出检查表

被审计单位名称：　　　　　编制人：　日期：　　　索引号：KFZC-3

会计期间或截止日：　　　　复核人：　日期：　　　页次：

项目	未审金额	凭证号	检查、核对记录					调整金额	审定金额
			1	2	3	4	5		
一、原始发生金额									
二、期初余额									
三、本期转出									
四、本期增加									
五、期末余额									
六、利息资本化情况									
检查、核对提示： 1、入账金额真实发生且符合无形资产资本化条件； 2、资本化利息计算正确； 3、结转无形资产正确。			审计说明及结论：						

说明：开（研）发支出检查表主要记录了开（研）发支出审计过程中的相关检查和核对信息，是开（研）发支出审计结论形成的重要依据。

例题十：下表所示，为主营业务收入完整性检查情况表，是损益类账户审计工作中主营业务收入审计的工作底稿之一。

主营业务收入完整性检查情况表

被审计单位名称：　　　　　编制人：　日期：　　　索引号：YYSR-3

会计期间或截止日：　　　　复核人：　日期：　　　页次：

序号	抽查销售业务的原始凭证			追查至记账凭证					明细账	
	发生时间及内容	发票号	运货单号	入账日期	凭证号	借方科目	贷方科目	金额	有	无

续表

序号	抽查销售业务的原始凭证			追查至记账凭证					明细账	
	发生时间及内容	发票号	运货单号	入账日期	凭证号	借方科目	贷方科目	金额	有	无

审计说明：

1. 抽查的样本量为_ 单位，占全年样本总量_ 的_ %；
2. 样本量的金额为_ 万元，占全年总额的_ %；
3. 抽查方法采用：随机选样；系统选样；随意选样。

审计结论：

说明：主营业务收入完整性检查情况表主要记录了主营业务收入审计中，关于其财务完整性的审查信息，是主营业务收入财务完整性审计结论的证据载体。

例题十一：下表所示，为营业外收入测试表，是损益类账户审计工作中营业外收入审计的工作底稿之一。

营业外收入测试表

被审计单位名称：　　编制人：　　日期：　　索引号：YYWSR-2

会计期间或截止日：　　复核人：　　日期：　　页次：

类别 时间	贷方项目					损益结转汇总	与资产负债项目的勾稽
					合计		
1月							
2月							
3月							
4月							
5月							
6月							
7月							

续表

时间＼类别	贷方项目					损益结转汇总	与资产负债项目的勾稽
					合计		
8月							
9月							
10月							
11月							
12月							
本年合计							
调整后合计（审定数）							
上年合计							
增减比率							

说明：营业外收入测试表主要记录了会计期间内企业营业外收入的明细情况，用以审查营业外收入的会计处理和披露是否正确。

第二节　审计报告

一、审计报告

审计报告是注册会计师根据独立审计准则的要求，在实施了必要的审计程序后出具的，用于对被审计单位年度会计报表发表审计意见的书面文件。

二、审计报告的编制要求

审计报告的编制应满足以下要求，如下表 8-2 所示。

表 8-2　审计报告的编制要求

要素完备	审计报告的要素应当齐全完备，缺一不可，缺少任意要素都会影响到审计报告的质量。

续表

意见准确	审计报告的相关意见应当根据客观事实进行准确表达，使其能够真实反映审计的实际情况。
证据充分	审计报告的有关意见必须具备足够的审计证据作支撑，以提高其合理性，有效减少审计风险。
内容合法	审计报告的具体内容必须符合《中华人民共和国注册会计师法》和《独立审计准则》的有关规定。

三、例题分析

例题一：我们审计了后附的××公司（以下简称“贵公司”）财务报表，包括2013年12月31日的资产负债表和合并资产负债表，2013年度的利润表和合并利润表、股东权益变动表和合并股东权益变动表、现金流量表和合并现金流量表以及财务报表附注。

说明：上述示范为审计报告的引言部分，表明注册会计师已经完成委托的审计工作，并对审计的具体内容进行了说明。

例题二：按照《企业会计准则》和《企业会计制度》的规定编制财务报表是贵公司管理层的责任。这种责任包括：①设计、实施和维护与财务报表编制相关的内部控制，以使财务报表不存在由于舞弊或错误而导致的重大错报；②选择和运用恰当的会计政策；③作出合理的会计估计。

说明：上述示范为审计报告中被审计单位管理层的责任段，该部分界定了被审计单位管理层对于财务报表所负担的责任，从而降低财务报表使用者误解注册会计师责任的可能性。

例题三：我们的责任是在实施审计工作的基础上对财务报表发表审计意见。我们按照中国注册会计师审计准则的规定执行了审计工作。中国注册会计师审计准则要求我们遵守职业道德规范，计划和实施审计工作以对财务报表是否不存在重大错报获取合理保证。

审计工作涉及实施审计程序，以获取有关财务报表金额和披露的审计证据。选择的审计程序取决于注册会计师的判断，包括对由于舞弊或错误导致的财务报表重大错报风险的评估。在进行风险评估时，我们考虑与财务报表编制相关的内部控制，以设计恰当的审计程序，但目的并非对内部控制的有效性发表意见。审计工作还包括评价管理层选用会计政策的恰当性和做出会计估计的合理性，以及评价财务报表的总体列报。

我们相信，我们获取的审计证据是充分、适当的，为发表审计意见提供了基础。

说明：上述示范为审计报告中注册会计师的责任段，该部分界定了注册会计师在审计工作上所负担的责任，说明了审计工作的主要程序，并对审计结论的客观性和公正性做出了保证。

例题四：

ABC 股份有限公司全体股东：

我们审计了后附的 ABC 股份有限公司（以下简称 ABC 公司）20××年 12 月 31 日的资产负债表以及 20××年度的利润表和现金流量表。这些会计报表的编制是 ABC 公司管理当局的责任，我们的责任是在实施审计工作的基础上对这些会计报表发表意见。

我们按照中国注册会计师独立审计准则计划和实施审计工作，以合理确信会计报表是否不存在重大错报。审计工作包括在抽查的基础上检查支持会计报表金额和披露的证据，评价管理当局在编制会计报表时采用的会计政策和做出的重大会计估计，以及评价会计报表的整体反映。我们相信，我们的审计工作为发表意见提供了合理的基础。

我们认为，上述会计报表符合国家颁布的企业会计准则和《××会计制度》的规定，在所有重大方面公允反映了 ABC 公司 20××年 12 月 31 日的财务状况以及 20××年度的经营成果和现金流量。

××会计师事务所（盖章）　　中国注册会计师：×××（签名并盖章）

中国注册会计师：×××（签名并盖章）

中国××市　　20××年××月××日

例题五：

××股份有限公司全体股东：

（引言段、范围段和意见段同标准无保留意见审计报告）

（解释段）如会计报表附注×所述，××公司被指控侵犯某项专利权，并被要求支付使用费和赔偿损失。该公司已提出反诉，目前，初步听证和调查工作正在进行之中，但对这项诉讼的最终结果尚无法决定。因此，附后的会计报表未对这项或有负债计提准备金。

××会计师事务所（盖章）　中国注册会计师：×××（签名并盖章）
中国注册会计师：×××（签名并盖章）
中国××市　20××年××月××日

例题六：

××股份有限公司全体股东：

（引言段、范围段和意见段同标准无保留意见审计报告）

（解释段）如会计报表附注×所述，该公司在××××年开始计提存货跌价准备，由此使公司当年的收益情况发生较大幅度的变化。

××会计师事务所（盖章）　中国注册会计师：×××（签名并盖章）
中国注册会计师：×××（签名并盖章）
中国××市　20××年××月××日

例题七：

××股份有限公司全体股东：

（引言段、范围段和意见段同标准无保留意见审计报告）

（解释段）我们没有审计全资子公司——B 公司的会计报表，这些会计报表是由××和××注册会计师审计的，他们已将审计报告提供给了我们，我们采用了他们对 B 公司会计报表的有关意见。

会计师事务所（盖章）　中国注册会计师：×××（签名并盖章）
中国注册会计师：×××（签名并盖章）
中国××市　20××年××月××日

例题八：

××股份有限公司全体股东：

（引言段、范围段和意见段同标准无保留意见审计报告）

（说明段）如财务报表附注×所述，该公司的营运资金已出现巨额负数，以及附注×所述，该公司已连续×年发生较大数额的亏损，同时也未实施重大的资产重组或债务重组及其他措施，我们对公司的持续经营能力表示怀疑。

××会计师事务所（盖章）　　中国注册会计师：×××（签名并盖章）

中国注册会计师：×××（签名并盖章）

中国××市　　20××年××月××日

例题九：

ABC 股份有限公司全体股东：

我们审计了后附的 ABC 股份有限公司（以下简称 ABC 公司）20××年 12 月 31 日的资产负债表以及 20××年度的利润表和现金流量表。这些会计报表的编制是 ABC 公司管理当局的责任，我们的责任是在实施审计工作的基础上对这些会计报表发表意见。

我们按照中国注册会计师独立审计准则计划和实施审计工作，以合理确信会计报表是否不存在重大错报。审计工作包括在抽查的基础上检查支持会计报表金额和披露的证据，评价管理当局在编制会计报表时采用的会计政策和作出的重大会计估计，以及评价会计报表的整体反映。我们相信，我们的审计工作为发表意见提供了合理的基础。

如财务报表附注×所述，ABC 公司 20××年 10 月购入的×类固定资产没有计提折旧。如果按照 ABC 公司固定资产折旧政策，应当计提折旧费用×万元。相应地，ABC 公司 20××年 12 月 31 日的累计折旧应当增加×万元，固定资产账面净值减少×万元，20××年度净利润减少×万元。

我们认为，除了×类固定资产没有计提折旧对会计报表产生影响外，上述会计报表符合国家颁布的《企业会计准则》和《××会计制度》的规定，在所有重大方面公允反映了 ABC 公司 20××年 12 月 31 日的财务状况以及 20××年度的经营成果和现金流量。

××会计师事务所（盖章）　　中国注册会计师：×××（签名并盖章）

中国注册会计师：×××（签名并盖章）

中国××市　　20××年××月××日

附 录

行政事业单位的审计

第一节 行政事业单位审计概述

一、概念

行政事业单位审计是审计主体依法对行政事业单位的财政、财务收支及其相关经济业务活动进行审查，以监督、评价其真实性、合法性和效益性为目的的独立经济监督活动。行政事业单位审计的对象或客体，是行政事业单位的财政财务收支。行政事业单位审计的主体是国家审计机关、社会审计组织和内部审计机构，而以国家审计机关为主。

二、审计方法

行政事业单位常用的审计方法如表 9-1 所示。

表 9-1 行政事业单位的审计方法

审计方法	具体内容
顺序检查法	包括顺查法和逆查法。顺查法是指按照经济活动运行的步骤或时间的先后顺序依次审查会计资料及其他资料的方法。逆查法是指逆经济活动运行的步骤或时间的顺序来审查会计资料及其他资料的方法。

续表

审计方法	具体内容
范围检查法	包括详查法和抽查法。详查法是指对被审计单位一定时间内全部或一部分经济活动的有关资料进行全面的、细致的、彻底的审查的一种方法。它适用于被审单位内部控制制度和核算工作质量较差的审计项目，以及经济业务简单、会计资料较少的审计项目。抽查法是指在被审计单位一定时间内全部或某一部分经济活动的有关资料中抽取一部分作为样本进行审查，据以推断总体资料的正确性、公允性的一种方法。它适用于审计样本数目繁多的审计项目。
资料检查法	包括审阅法、核对法、查询法、分析法。审阅法是指审计人员对被审计单位的会计资料及其他资料进行仔细审查和详细阅读，以判断这些资料所反映的经济活动是否符合国家规定。审阅法主要审查以下会计资料：原始凭证、记账凭证、会计账簿、会计报表和其他资料，在采用审阅法时要注意审查会计资料的合法性、合规性。核对法是指在相关的资料之间进行相互对照比较，以确定其内容是否一致，记录是否正确。核对法主要进行证证核对，账证核对，账账核对，账单核对，账表核对，表表核对。通常审阅法要和核对法结合使用。查询法是指通过查对和询问来取得必要资料，以获得真实可靠的审计证据的方法。查询法包括询问法和函证法。函证法有两种类型，即肯定式函证法和否定式函证法。两种函证方法使用的条件不同，要注意其使用条件。分析法是指通过对审计事项的相关指标对比、分析、评价，以便发现其中有无问题或问题异常情况，为进一步审计提供线索。
盘存法	包括直接盘存法和间接盘存法。直接盘存法是指由审计人员亲自到现场盘点实务，以确定其实有数额的方法。间接盘存法是指审计人员通过观察盘点借以确定实物实有数额的方法。
调节法	调节法是指为验证某一项目数据的正确性，使两个独立的和各自分离的相关数据，通过调整而趋于一致的审计方法。调节法主要应用于证实财产物资账实是否相符，证实相关数据是否趋于一致。
观察法	观察法是指审计人员亲临审计现场对被审单位的经济管理及业务活动进行实地观察，借以查明被审计事项的事实真相。观察法适用于观察内部控制制度的执行情况及观察经济业务的运作过程。
鉴定法	鉴定法是指通过物理、化学技术鉴别等手段来确定实物资产的性能、质量和书面资料真伪的一种方法。

第二节 行政、事业单位财政财务收支审计

一、行政单位财政财务的主要内容

根据现行制度，行政单位实行“收支统一管理，定额定项拨款，超支不补，结余留用”的预算管理办法，各项收支统一纳入单位预算管理，统筹安排使用。行政单位应定期向同级财政部门或上级预算单位报送收支预算，请领经费，按批准的预算组织实施，并定期向同级财政部门或上级预算单位报告预算执行情况。

二、事业单位财务收支的主要内容

国家对事业单位实行核定收支、定额或定项补助、超支不补、结余留用的预算管理办法，定额或定项补助根据事业特点、事业计划、事业单位收支状况以及国家财政政策和财力可能确定，定额或定项补助可以为零。事业单位必须根据以前年度预算执行情况、本年度收入增减因素，以及事业单位发展的需要和财力可能等，编制收入预算和支出预算。事业单位提出预算建议数，由主管部门报财政部门核定，事业单位根据财政部门下达的预算控制数编制预算，由主管部门汇总报财政部门核定后执行。

三、行政、事业单位财政财务收支审计内容

行政、事业单位财政财务收支审计内容如表9-2所示。

表9-2 行政、事业单位财政财务收支审计内容

	1	2	3	4	5	6	7
行政单位财政财务收支审计内容	内部控制的测试	预算编制情况审计	预算执行情况审计	预算外资金管理情况审计	资产管理情况审计	经费使用绩效审计	财务报告审计
事业单位财政财务收支审计内容	预算管理情况审计	预算执行情况审计	结余及专用基金管理情况审计	资产管理情况审计	往来款项管理情况审计	经费使用效益审计	财务报告审计

第三节　行政事业单位审计实例

一、预算执行及财务收支审计

（一）审查预算执行的真实性、完整性、合规性

审计人员应关注预算执行是否落实到具体单位和项目并及时足额拨付，有无擅自改变预算资金用途的情况。

审计步骤：①调阅被审计单位年度财政批复、追加预算的资料，对被审计单位财政财务收支进行分析性复核，从总体上把握被审计单位预算执行情况，关注收支异常变化。②根据财政批复预算，审查预算执行情况，有无超预算、无预算支出等行为；检查项目资金是否专款专用，有无擅自改变预算资金的用途，用于弥补经费不足的问题。

（二）审查收入、支出的合法合规性

审计人员应关注收入是否全部纳入单位统一核算，是否虚列支出。

1. 虚列支出，隐瞒经费结余。

例题一：项目资金未使用完毕，虚列支出。如某行政机关 2011 年收到财政预算安排的项目资金 750 万元，当年实际支出 525 万元，尚有 225 万元应转结余，但年底无任何依据做了如下会计分录：

借：经费支出　　　　2 250 000
　　贷：其他应付款　　2 250 000

当年虚列支出 225 万元，影响了年末结余。

例题二：收支对冲，虚列支出。在对某局及其下属单位财务账审计过程中发现，部分项目经费采取收入和支出对冲的方式记账，即将未使用的专项资金虚列支出。如支付局域网建设费 150 万元。会计处理为：

借：专项经费支出　　　　1 500 000
　　贷：拨入经费　　　　　　1 500 000

例题三：项目资金未拨付，虚列支出。某行政单位年末将应拨但未及时拨付下级单位的经费 1 100 万元虚列支出，挂往来账。

借：拨出经费　　　　　11 000 000

　　贷：其他应付款　　　　　11 000 000

在滞留应拨付下级单位经费的同时，减少了决算报表年末结算余额。

例题四：混淆会计处理方法，虚提资金。某事业单位以预提其所属房产的维修基金为名，虚列“事业支出”，并虚挂“暂存款”100 万元。

借：事业支出——房屋维修基金　　　　　1 000 000

　　贷：其他应付款　　　　　1 000 000

该单位上报给其上级主管行政单位的决算报表少反映结余 100 万元。

例题五：挤占行政及项目经费发奖金。某行政单位每月固定做出如下会计分录：

借：经费支出——基本支出——业务费——宣传奖励费（其他人员）

　　　　　　——项目支出——A 项目

　　贷：其他应付款

从上述三个科目中按一定比例提取资金转入“暂存款”，用于发放奖金。

审计方法：根据支出科目的性质和金额的大小进行抽样，重要的开支要调阅凭证，尤其要注重记账凭证后所附的原始凭证。重点检查年末单位大笔进行调账处理的凭证，尤其要注意记账凭证后未附任何原始凭证的，很有可能就是单位进行了调账处理，以减少结余反映金额。

2. 虚列支出，转移资金。

这类问题比较隐秘，与一般会计分录相比并无异常：

借：经费支出（或事业支出）

　　贷：银行存款（或库存现金）

简单从会计分录查证无法发现，应结合资金开支内容、原始凭证、支票等入手查证。

例题六：某单位 2011 年 12 月编制如下会计分录：

借：经费支出　　　　180 000

　　贷：银行存款　　　　180 000

记账凭证摘要为“召开某某座谈会”，原始凭证仅有一张 18 万元现金支票和一张酒店发票，发票上记载的内容仅有“会议费”“金额”两项内容。这笔支出存在以下疑点：①为何不按规定使用银行存款而是使用大额现金支票？②凭证为何未附会议通知、签到名单等相关会议资料？对这样的事项应予以重点关注并进一步查证。

（三）审查是否通过往来账调节单位收支

《行政单位财务规则》对“暂存款”科目实际使用有明确的规定，第四十六条“暂存款项是行政单位在业务活动中与其他单位或者个人发生的预收、代管等待结算的款项”，第四十七条“行政单位应当加强对暂存款项的管理，不得将应当纳入单位收入管理的款项列入暂存款项……”现行《行政单位会计制度》和《事业单位会计制度》均将“暂存款”纳入“其他应付款”会计科目。因此，对“其他应付款”的检查是行政事业单位审计的重点。

（四）审查决算报表是否真实、完整地反映单位收支结余情况

违反规定编制决算，决算报表反映不真实，不能真实完整反映单位财务状况全貌。具体表现为：账表不一致、其他收入未并入决算报表等形式。

审计方法：对比决算报表和各套财务账，检查决算报表是否真实、完整地反映了单位财务收支情况，审查是否将所有收入纳入财务统一核算，有无截留、坐支、隐瞒、转移、私吞私放等问题。

二、专项资金审计

对行政事业单位财政专项资金管理使用情况的审计应主要把握四个环节：一是把握资金来源；二是把握资金管理环节；三是把握资金使用环节；四是把握项目的推动环节。

例题七：某市级机关主管“××专项资金”的管理、使用，自 2007 年以来共计安排×个项目数千万元。

审计步骤：①按年度收集财政部门批准的资金拨付及使用计划明细表，从该局明细账中筛选整理各年度专项资金实际下拨明细表。②按项目初步核对两表，发现×个项目×万元专项资金未及时拨付项目单位。③对项目资金使

用单位进行分类，分别按不同的方法进行审查。审查方法主要有：审查该单位及下属单位资金使用情况，重点检查是否存在专项资金中开支与项目无关的经费。抽查部分市级项目单位，发现部分项目申报不实，个别项目私自变更项目施工单位；深入到区县、乡镇，追查项目资金的使用情况，发现部分区县、乡镇未按规定进行配套。

三、“小金库”审计

（一）“小金库”的概念

“小金库”是一种形象的表述，也就是私存私放财政资金或其他公款。1995年，《国务院办公厅转发财政部、审计署、中国人民银行关于清理检查“小金库”意见的通知》（国办发［1995］29号）规定：“凡违反国家财经法规及其他有关规定，侵占、截留国家和单位收入，未列入本单位财务会计部门账内或未纳入预算管理，私存私放的各项资金均属‘小金库’。”

“小金库”的基本特点是：资金来源是公用的；形成方式是隐蔽的；适用性质是违法的。认定是否属于“小金库”，关键看资金或资产是否列入符合规定的单位账簿。

（二）“小金库”的表现形式

“小金库”的主要表现形式是：通过违规收费、罚款及摊派设立“小金库”；用资产处置、出租收入设立“小金库”；以会议费、劳务费、培训费和咨询费等名义套取资金设立“小金库”；经营收入不纳入规定账簿核算设立“小金库”；虚列支出转出资金设立“小金库”；以假发票等非法票据骗取资金设立“小金库”；通过上下级单位之间相互转移资金设立“小金库”。

（三）“小金库”的审计

“小金库”的审查方法主要有：①突击盘点法，盘点时要注意：一要摸清对象，二要把握时机。②收入支出核实法。③核对账户及相关资料法。④现场勘查法。⑤延伸审查法。

例题八：疑点凸显，顺藤摸瓜。某单位每向当事人提供一份结果报告，就应按物价规定的标准向当事人收取相应的费用。经核查按出具的报告数量和收费标准计算得出的收费金额远远大于实际收费的金额。询问该单位负责此项工作的人员，此人称由于当地经济困难，部分报告实际未向当事人收取费用，但却提供不出任何收费减免的审批手续。沿着此线索顺藤摸瓜，最终发现将收取的费用账外核算，形成“小金库”。

例题九：从单位间相互关系着手发现疑点。某机关办公楼租用的是其一下属单位的房屋，每月租金 9 万元以转账支票支付给下属单位。在延伸审计该下属事业单位时发现，该下属单位每月在收到 9 万元房租的当天会用现金支票领出 4 万元，只对余下的 5 万元做房租收入。

四、津补贴审计

（一）津补贴的主要政策

《中央纪委、中央组织部、监察部、财政部、人事部、审计署关于严肃纪律加强公务员工资管理的通知》规定：“各地区、各部门、各单位必须坚决维护国家公务员工资政策的严肃性，自本通知下发之日起，一律不准以任何借口、任何名义、任何方式在国家统一工资政策之外新设津贴、补贴、奖金项目，一律不准提高现有津贴、补贴、奖金的标准和水平，一律不准以现金或其他任何形式发放新的福利。”各级党的机关、人大机关、行政机关、政协机关、审判机关、检察机关、民主党派机关以及经批准参照《中华人民共和国公务员法》管理的单位均应按财政核定的各职级标准发放津补贴。

需要注意的是：第一，行政事业单位工作人员因突发事件、自然灾害或完成国家紧急任务以及上级部门、本单位安排的其他紧急公务需要加班的，应安排同等时间的补休，不发加班补贴。第二，对于特殊岗位必须长期安排值班的，在正常工作日值夜班且单位无法安排补休的人员，可按实际值班天数给予夜班伙食补助，不实行定额包干或按单位人均发放。

（二）津补贴的审计

津补贴审计的内容主要包括：①公务员、参公管理职工津补贴是否严格按规定标准发放，有无以各种借口、名义、方式违规发放津补贴问题。②公务员、参公管理职工是否在下属经济实体、学术团体等单位兼职取酬。

五、行政事业性收费及罚没收入审计

行政事业性收费是指国家行政机关或者法律法规授权的组织，在依法行使国家行政管理职能过程中，向特定对象实施特定管理收取的费用，或提供特定服务收取的补偿性费用。行政事业性收费一律凭《收费许可证》亮证收费，无《收费许可证》不得收费。

（一）行政事业性收费及罚没收入的违规形式

审计中发现仍有部分行政事业单位依然存在违反行政事业性收费管理制度的收费行为，具体表现在：①擅自出台收费项目。②扩大收费范围，提高收费标准。③对已明令取消、暂停执行或降低标准的收费项目，仍按原项目、标准收费或改变名称收费。④越权减免、缓缴行政事业性收费。

（二）行政事业性收费及罚没收入的审计

行政事业性收费及罚没收入主要审查以下内容：①行政事业性收费是否有许可手续，并办理《收费许可证》。②行政事业性收费是否按规定标准收费，有无超标准、违规减、免、缓情况。③行政事业性收费是否执行“收支两条线”规定，全额上缴财政，有无截留、坐支、挪用等违规行为。④罚没收入是否及时、足额解缴财政，有无违规减、免、缓缴罚没款。

六、银行账户审计

按规定，行政事业单位的银行账户的开设必须报经财政或主管部门审批或备案，行政事业单位在银行账户管理上常见的问题：一是未经审批开设银行账户；二是外借银行账户；三是银行账户管理不严，资金相互混用；四是套取现金。

银行账户审计的主要内容是：①银行账户开设是否合规。②根据银行存款账及对账单，审查是否编制余额调节表，未达账项是否长期挂账未做清理。③对银行账户之间的资金划转和大额的银行存款收付，关注是否存在资金混用、出借账户等情况。

七、固定资产审计

行政单位及参公管理的事业单位适用《行政单位国有资产管理暂行办法》（财政部令第35号），事业单位适用《事业单位国有资产管理暂行办法》（财政部令第36号）。

固定资产审计的主要内容包括：①是否建立固定资产实物台账，账账、账实是否相符。②房屋、车辆权属关系是否明确。③购置固定资产手续是否完备，是否经过政府采购。④房租收入是否足额上缴财政或完税。⑤资产处置是否履行审批手续，处置变价收入是否足额上缴财政。

八、基本建设投资的审计

（一）行政事业单位基本建设投资存在的主要问题

①越权审批立项。基本建设项目的立项应由发改委批准，但有的行政主管部门却越权批准下属单位基建项目立项。②虚列投资。国家建设项目投资的完成额不按照相关会计制度、工程建设进度正确核算。③超概算投资。项目概算指根据项目的工程量、管理成本、原材料和设备成本、劳动力成本等项目的初步估算所确定的建设资金总额。经过批准的概算是国家建设资金的最高限额。审计中发现不少部门存在超概算投资现象，表现在：低概算申报项目，超概算投资；擅自提高各项费用定额，超概算投资；擅自扩大建设项目的标准、规模；不按程序进行概算调整，擅自改变概算或者超概算。④截留、挪用国家建设资金。具体表现为：将基建资金用于行政经费支出；将 A 项目建设资金用于 B 项目建设；将基建基金存定期存款，利息用于弥补行政经费不足；项目建设资金应退却未退财政，用于其他开支。⑤项目竣工后，工程结余资金长期挂账，未进行财务清算，未计入固定资产账。

（二）行政事业单位基本建设投资的审计内容

对行政事业单位基本建设投资主要审计以下内容：①项目立项手续是否齐备；②项目是否按规定实行招投标程序；③资金来源、使用是否合规，有无挤占、挪用等问题；④项目是否超面积、超概算、虚列投资；⑤是否及时结转固定资产，资产权属划分是否准确。

例题十：某行政事业单位 A 局实行国库集中支付和政府采购制度，其下属 B 单位是财政领拨款关系的事业单位，其下属 C 单位是没有财政领拨款关系的事业单位。2014 年 3 月，市审计局派出审计小组对 A 局 2013 年的财务收支实施审计，审计小组质疑以下经济业务并记录于审计工作底稿：

（1）2013 年 1 月，A 局经市财政局批准出租一栋闲置办公楼，取得租金 20 万元，直接支付办公楼维修费用。假设租金收入适用的营业税税率为 5%，房产税税率为 12%，城建税税率为 7%，教育费附加税税率为 3%。

（2）2013 年 2 月，经有关部门批准，A 局决定建一座新办公楼，工程总预算 4 500 万元，图纸及预算均经相关部门审批，新办公楼经过招标后已开工建设，施工中因办公需要，在原图纸基础上增加配楼一座，追加工程预算 800 万，A 局办公会议认为增加的预算是自筹资金，为加快施工速度不再上报有关部门审批。

（3）2013年3月，B单位经A局审核，报该市财政局审批，用账面价值15万元的小轿车与某公司的商务车进行置换，B公司聘请专业资产评估公司对其小轿车价值进行重新评估，评估金额为10万元。

（4）2013年5月，A局下属单位因经营资金周转不灵，急需用款，向A局申请借款。A局局长办公会议研究认为，A局经费紧张，暂无力借款，但为解决下属单位用款问题，决定以本单位原值3 000万元的办公大楼做抵押担保，向某商业银行借款100万元，该笔借款借给下属单位B用于经营周转，并约定1年内还清，B单位支付A局15%的资金使用费，财务费用照此办理，并仅仅在固定资产明细账做备查处理，尚未收到资金使用费。

（5）2013年6月，A局在进行财产清查过程中，盘盈办公用甲材料3 500元，盘盈照相机一台，价值2 000元，会计处理如下：

借：存货　　　　　　　　　　5 500
　　贷：资产基金——存货　　　5 500

（6）2013年7月，A局通过局长办公会会议形成决议，以本局接受无偿调拨的一栋房屋作为抵押物，为C单位的银行借款提供担保。

（7）2013年9月，下属C单位出现经费困难，申请A局给予补助，经局长办公会议研究决定：为保证C单位业务活动正常运转，用预算资金拨给C单位补助款300 000元，会计处理如下：

借：对附属单位补助　　　　300 000
　　贷：银行存款　　　　　　300 000

（8）在年终决算工作中，A局为保证年终各项工作及时进行，对下属B、C单位提出如下要求：

①对下属B、C单位拨款截止至12月25日，逾期不再拨款。

②为争取当年决算工作及时主动，在实际工作中，A局年终决算以12月25日为结账日。

③A单位考虑到时间紧迫，决定先办理年度结账，编报决算，决算后，再对各项收支项目、往来款项、货币资金和财产物资进行全面的年终清理

结算。

④对本年度的各项收入都要及时入账，本年的各项应缴预算款和应缴财政专户的预算外资金收入，应在年终前全部上缴。

⑤年度单位支出决算，以基层用款单位 12 月 25 日的本年度实际支出数为准，不得将年终前预拨下年的预算拨款列入本年支出，也不得以上级会计单位的拨款数代替基层会计单位的实际支出数。

⑥事业单位的决算经财政部门或上级单位审批后，不再调整决算数字。

要求：依据有关决策判断以上业务处理是否正确。如不正确，请作出正确的账务处理。

分析：

（1）A 局会计处理不正确。按照规定，行政单位将国有资产对外出租所取得的租金收入应按照政府非税收入管理的规定，实行收支两条线管理，并按规定缴纳税金。A 局的会计处理应为：

借：银行存款　　200 000
　贷：应缴财政拨款　　165 000
　　应交税费——应缴营业税　　10 000
　　应缴税费——应缴城建税　　700
　　应缴税费——应缴房产税　　24 000
　　应缴税费——教育费附加　　300

（2）会计处理不正确。基建工程应按照批准的图纸和预算进行，如需改变图纸增加预算应向有关部门申请并调整预算。

（3）B 单位的做法正确。

（4）A 局处理不正确，A 局将办公楼用于担保，违反了行政事业单位国有资产管理办法，国有资产不能用于担保。应要求下属单位及时归还贷款，停止该项贷款行为。

（5）A 局会计处理不正确。材料盘盈应计入经费支出，依据《行政单位会计制度》和《行政单位财务规则》，耐用时间在 1 年以上、单位价值在 1 000元以上的一般设备，属于固定资产，照相机单价已达到固定资产标准。会计处理为：

借：固定资产　　　　　　2 000

　　贷：资产基金——固定资产　2 000

（6）A 局的做法不正确。行政单位不得用固定资产对外担保。

（7）A 局会计分录正确，但是其办理拨款的资金来源不正确。行政单位会计制度规定，不能办理无预算、超预算的拨款和支出，不能向没有经费领拨关系的单位进行预算拨款。A 局应以自筹资金调剂给 C 单位。

（8）①正确。主管会计单位对下属各单位的拨款应截止至 12 月 25 日，预期一般不再下拨。②不正确，会计期间公历为 1 月 1 日至 12 月 31 日。③不正确，事业单位在年度终了前，应根据财政部门或主管部门的决算编审工作要求，对各项收支项目、往来款项、货币资金和财产物资进行全面的年终清理结算，在此基础上办理年度结账，编报决算。④正确。凡属本年度收入都应及时入账，本年的各项应缴预算款和应缴财政专户的预算外资金收入应在年终前全部上缴。⑤不正确，属于本年度的支出应按规定的支出渠道如实列报，年度支出决算一律以基层单位截至 12 月 31 日的本年实际支出数为准，不得将年终前预拨下年的预算拨款列入本年支出，也不得以上级会计单位的拨款数代替基层会计单位的实际支出数。⑥不正确，违背了事业单位年终清理结算和结账要求，事业单位的决算经财政厅或上级单位审批后，需调整决算数字的就做相应调整。

例题十一：2015 年 3 月份，市审计局派出审计小组对某事业单位 2014 年的财务收支实施审计，审计小组对以下经济业务提出异议并记录于审计工作底稿：

（1）经检查发现，该单位 2014 年年终结账后有借方仍有结余 12 000 元。

（2）发现该单位有一张到期、面值为 5600 元的商业汇票和一张因付款人无力支付票款银行退回的未付票款通知书，被记录在应收票据账户下。

（3）该单位预提公寓的维修基金，

借：事业支出　　　　　　　　2 800 000

　　贷：其他应付款（暂存款）　　2 800 000

（4）该单位 2014 年申报国家重点研究课题，获得批准，收到主管部门拨入专款 500 000 元，当年实际发生专款支出 450 000 元，结余 5 万元。该项课题在2014年年末已经完成，但尚未向主管部门申报结项。甲单位于2014年12月31日将拨入专款500 000元和专款支出450 000元转入事业结余。该单位为了鼓励课题组成员，经领导批准，在结余中提取20 000元作为奖励经费，计入其他应付款，其余30 000元转入事业基金。

（5）2014年6月30日，该单位与另一租赁公司签订一项协议，采用融资租赁方式租入一套网络设备，租期为4年，租金总额为2 000 000元，从2015年6月30日起，分4次等额支付，租赁期满设备的所有权归甲单位所有。甲单位于2014年7月1日收到网络设备并办妥相关手续，同时增加固定资产和固定基金2 000 000元。

（6）收到财政部门委托代理银行转来的财政直接支付入账通知书，财政部门为事业单位支付购买设备款，专用设备1台，买价68 000元，通用设备1台，买价21 000元。两设备共同发生运杂费640元，各负担50%，设备投入使用。该单位做如下会计处理：

借：事业支出——项目支出——专用设备　68 320
　　通用设备　21 320
　　贷：财政补助收入　89 000
　　　　银行存款　640
借：固定资产——专用设备　68 320
　　通用设备　21 320
　　贷：非流动资产基金——固定资产　89 640

要求：依据有关决策判断以上业务处理是否正确。如不正确，请做出正确的账务处理。

分析：

（1）年末结账后，“事业结余”科目应无余额。建议该事业单位做以下会计处理：

借：非财政补助结余分配　12 000
　　贷：事业结余　12 000

（2）对于无力支付货款的商业承兑汇票，应按照商业汇票的票面金额，借记“应收账款”科目，贷记本科目，该单位仍挂在“应收票据”的做法不妥，建议做以下会计处理：

借：应收账款　　5 600
　　贷：应收票据　　5 600

（3）应进一步检查该单位是否符合提取维修基金的条件，即使符合预提维修基金的条件，上述会计处理也是错误的，应该是：

借：事业支出——房屋维修基金　　2 800 000
　　贷：专用基金——修购基金　　2 800 000

该单位很有可能是以预提维修基金为名，少报结余 2 800 000 元，日后再以支付暂存款名义将其转入小金库。

（4）该单位此种做法不正确。专项课题完成后，应向主管单位申报结项，经主管单位审批后按规定进行分配，不得直接转入事业基金，所以不能结项。建议该单位做以下会计处理：

借：专款支出　　450 000
　　其他应付款　　20 000
　　事业基金　　30 000
　　贷：拨入专款　　500 000

（5）按照现行《事业单位会计制度》的规定，以融资租赁方式租入的固定资产，其成本按照租赁协议或者合同确定的租赁价款、相关税费以及固定资产交付使用前所发生的可归属该项目的运输费、途中保险费、安装调试费等确定，并区分是否需要安装而采取相应的账务处理。不需安装的融资租入固定资产，按照确定的成本，借记“固定资产”科目，按照租赁协议或者合同确定的租赁价款，贷记“长期应付款”科目，按照其差额，贷记“非流动资产基金——固定资产”科目。同时，按照实际支付的相关税费、运输费、途中保险费等，借记事业支出、经营支出等科目，贷记财政补助收入、零余额账户用款额度、银行存款等。所以融资租入固定资产不应增加固定基金，而应作为其他应付款处理，该单位应做以下会计调整处理：

借：固定基金　　　　　2 000 000

　　贷：其他应付款　　　2 000 000

（6）该事业单位用财政直接支付的形式购入固定资产的会计处理，符合事业单位会计制度的规定，会计处理正确。